교회를 세우는 리더

인물로 배우는 리더십 성경 공부

A Leader to Build up the Church

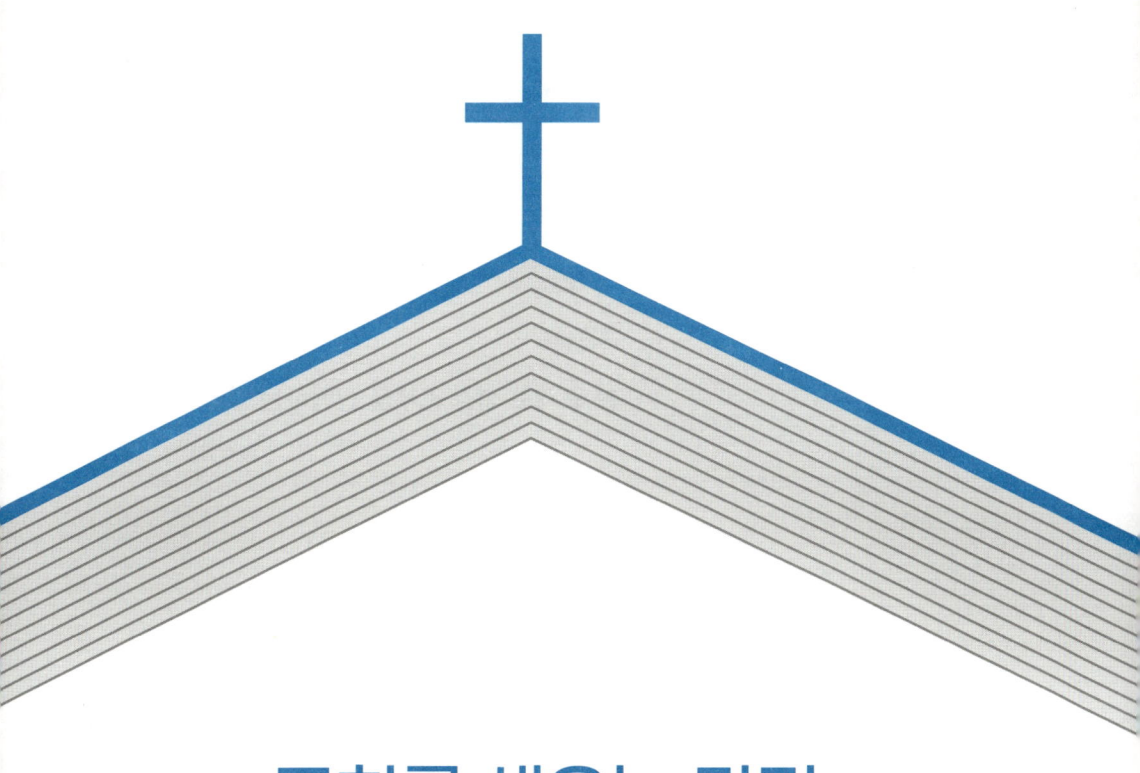

교회를 세우는 리더

인물로 배우는 리더십 성경 공부

A Leader to Build up the Church

차 례

머리말	**006**
추천사	**008**
본 교재로 성경 공부를 진행하는 방법	**012**

제 1부	리더를 세우는 목적	**014**
	01. 리더를 세우는 목적	**015**

교회를 세우는 리더

제 2부 | 구약의 리더와 리더십　　028

01. 아브라함 | *믿음의 리더*　　029
02. 요셉 | *꿈꾸는 리더*　　041
03. 모세 | *부르심에 순종한 리더*　　053
04. 여호수아 | *무대 뒤에 선 리더*　　067
05. 사무엘 | *기도하는 리더*　　079
06. 다윗 | *용기 있는 리더*　　093
07. 솔로몬 | *지혜로운 리더*　　107
08. 에스더 | *민족을 구원한 리더*　　121
09. 다니엘 | *구별된 리더*　　135

제 3부 | 신약의 리더와 리더십　　150

01. 베드로 | *열정의 리더*　　151
02. 사도 바울 | *전도에 주력하는 리더*　　165
03. 바나바 | *인격과 실력을 겸비한 리더*　　179
04. 루디아 | *가정을 구원한 리더*　　193
05. 예수 그리스도 | *섬김의 리더*　　205

부록. 성경 공부 진행 시 참고 사항　　219

1. 성경 공부 진행 시 과제표　　219
2. 각 과별 괄호 속에 들어갈 답안　　220

| 머리말 |

교회를 세우는 리더
성경 공부 교재를 출판하면서

2000년에 존 맥스웰 박사의 『당신 안에 잠재된 리더십을 깨우라』(두란노)는 책을 읽으면서 리더십에 관심을 갖게 되었습니다. 저는 이 책이 너무 좋아서 내용을 정리하여 교인들과 리더십을 공부했습니다.

2015년에 성경에서 15명의 인물을 선택하여 그들의 리더십에 대해서 설교했고, 그 설교를 보완하여 『하나님이 쓰시는 리더』(엘맨, 2017)를 출판했습니다. 『교회를 세우는 리더』는 『하나님이 쓰시는 리더』를 소그룹 성경 공부 교재로 재구성한 것입니다.

『교회를 세우는 리더』는 구약에서 9명, 신약에서 5명의 성경 인물을 선정하여 그들의 리더십을 공부하고 삶에 적용하는 방식으로 만들었습니다. 각 과는 크게 세 부분으로 구성되어 있는데, 서론은 예화를 통해 공부할 리더와 연결하였고 본론에서는 리더의 특징을 세 가지로 나누어서 설명했습니다. 결론에서는 존 맥스웰 박사의 명작인 『사람은 무엇으로 성장하는가』(비즈니스북스, 2012)에 나오는

'15가지 성장 법칙'을 소개하고 성경 인물에게 성장 법칙을 적용해 보았습니다.

『교회를 세우는 리더』 성경 공부 교재의 특징은 다음과 같습니다.

> 첫 째, 크리스천 리더라면 꼭 알아야 할 14명의 성경 인물 리더십을 정리했습니다.
>
> 둘 째, 리더십의 대가인 존 맥스웰 박사의 리더십 이론과 원리를 소개함으로 리더 훈련과 성장에 도움이 되도록 만들었습니다.
>
> 셋 째, 훈련에 참여하는 이들이 빈칸에 중요한 단어를 적어넣음으로 교육의 집중력과 효과가 높아지도록 구성했습니다.
>
> 넷 째, 공부한 내용을 토대로 서로의 생각을 나누고 삶에 적용할 수 있도록 나눔과 적용을 위한 질문을 충분히 제시했습니다.

이 책으로 성도들이 성경 인물의 리더십을 배우고 더 좋은 리더로 성장하여서 교회와 직장과 세상에서 능력 있는 크리스천으로서의 사명을 감당할 수 있기를 기대합니다.

2021년 4월 30일 교회 창립 14주년을 기념하며
사도들교회 목양실에서 박승효 목사

| 추천사 |

한 명의 리더가
절실히 필요한 시대

중부연회 정연수 감독
(효성중앙교회)

'일가견'(一家見)이라는 말이 있습니다. 어떤 한 가지 분야에 대해 깊이 있게 파고들어 나름 독자적인 견해를 지녀 체계를 이룬 경지를 말합니다. 그런 의미로 본다면 내가 아는 박승효 목사는 목회에 있어서, 그리고 세상을 보는 시선에 있어서 일가견을 지닌 후배입니다.

목회 환경은 생물(生物)과 같아서 시시각각으로 천의 얼굴을 지니고 목회자에게 다가옵니다. 그런 변화에 맞닥뜨릴 때마다 목회자는 때로는 최종 선택자로서 갈등을 겪기도 하고, 때로는 하나님 앞에 선 단독자로서의 고독을 맛보기도 하고, 때로는 상처 입은 자의 상담자로, 때로는 격려와 위로자로, 변화무쌍하게 변신하며 다가오는 상황을 헤쳐 나가야 합니다. 만일 이런 일을 잘 해내는 목회자가 있다면 그에게 수여할 훈장의 이름은 〈리더〉일 것입니다.

저자가 리더에 대해 관심을 갖는 것은 어쩌면 당연한 일일 것입니다. 왜냐하면 그는 이미 좋은 리더이기 때문입니다. 좋은 리더이기에 이 책을 쓸 자격이 충분히 있다고 믿어 의심치 않습니다.

코로나 시대를 통과하면서 우리는 리더 한 명의 선택과 판단이 얼마나 중요한지를 절실하게 몸으로 느꼈습니다. 이것은 비단 정치와 사회 현장에서만 적용되는 명제가 아니라 현재를 살아가는 교회 환경에서의 리더의 역할은 더더욱 절실한 상황입니다. 그런 면에서 저자가 심혈을 기울여 리더에 대해 고민한 이 결과물을 책으로 만나게 되니 너무나 감사합니다.

이미 이 책을 손에 들고 있는 당신은 당신이 기대하면서 되고 싶어 하는 리더의 자리에 한 발자국 다가선 것입니다. 아무쪼록 이 책을 손에 들고 읽는 이들이 이 책(저자)으로부터 선한 영향력을 받아 좋은 리더가 될 것을 간절히 바랍니다. 간절하다는 표현까지 쓰는 이유는 지금의 상황이 절실하게 리더를 요청하는 시대이기 때문입니다.

하나하나의 계단을 딛고 올라설 때마다 14개의 계단이 이 책을 읽는 이들을 리더의 자리로 이끌어 갈 것을 확신합니다. 저자가 엄선한 성경 속의 리더 14명의 뒤를 따라가다 보면 어느덧 리더의 자리에 우뚝 서 있을 당신을 상상해 보십시오.

| 추천사 |

좋은 제자, 충성하는 리더를 양육하는 좋은 교재

박정훈 목사
(고촌교회)

박승효 목사는 제자훈련을 통하여 건강한 교회를 세워가는 참 좋은 감리교회 리더입니다. 20여 년 전 박 목사를 처음 만났을 때 '제자훈련을 어떻게 하면 잘할 것인가?', '어떻게 하면 교인들을 주님의 좋은 제자로 세워갈 것인가?'를 고민했던 기억이 있습니다. 그리고 지금까지 한결같이 제자훈련과 건강한 교회, 행복한 교인 만들기를 연구하고 노력하고 실천하고 있습니다. 그래서 박 목사와 함께 신앙생활을 하는 분들은 참 행복한 분들입니다.

목회의 중요한 한 부분은 교인들을 잘 교육하여 리더로 세우는 일입니다. 모세처럼 하나님을 두려워하며 진실하며 불의한 이익을 미워하는 능력 있는 사람들을 살펴서 천부장과 백부장과 오십부장과 십부장으로 세워(출 18:21) 봉사하게 하는 것입니다. 바울처럼 '성도들을 온전하게 하여 봉사의 일을 하게 하고 그리스도의 몸 된 교회를 자라게 하는 것(엡 4;12)'입니다. 이 교재는 그런 리더를 세우는 책입니다.

『교회를 세우는 리더』 성경 공부 교재는 박 목사가 성경에서 14명의 인물을 선택하여 설교하고, 리더십 교재로 만들어서 교인들과 공부하여 임상을 마친 검증된 교재입니다.

교재 내용을 보면 좋은 예화를 통해 공부하는 사람들이 그날 공부할 성경 인물에게 쉽게 마음을 열고 접근하도록 했습니다. 매 과에서 리더의 특징을 세 가지로 정리해서 이해하기 쉽고 머리에 잘 남아있게 하였습니다. 그리고 '적용과 기도'를 통해서 공부한 내용을 생활에 잘 실천하도록 하였습니다.

박 목사는 교인들을 잘 이해하는 좋은 리더입니다. 좋은 리더가 좋은 리더를 세울 수 있습니다. 많은 교인들이 이 교재를 공부함으로 주님의 좋은 제자로, 교회의 좋은 리더로 세워져서 선한 영향을 끼치면서 행복하게 신앙생활하고, 그러면서 교회가 건강하게 부흥하기를 기대합니다.

본 교재로 성경 공부를 진행하는 방법

01 본 교재 『교회를 세우는 리더』는 성도들에게 크리스천 리더십을 가르치기 위하여 만든 성경 공부 교재로, 강의를 듣고 들은 말씀을 함께 나누는 방식으로 구성하였습니다.

02 본 교재로 소그룹 모임을 진행할 때에는 다음과 같은 순서로 진행하며, 1과의 소요 시간은 90분 정도입니다.

> 찬양(10분) – 기도(3~5분) – 은혜 받은 말씀 나눔(10~20분)
> – 성경 공부(60분) – 합심 기도(5~10분)

03 본 교재로 일대일 모임을 진행할 때에는 기도(3분)를 시작으로 해서 소그룹 모임을 진행할 때와 똑같은 순서로 진행합니다.

04 본 교재는 모두 15과로 되어 있고, 다음과 같은 방식으로 진행합니다.

> 1) '생각 열기' 질문으로 마음의 문을 여는 시간을 갖습니다.
> 2) 서론은 각 과의 인물과 연관된 예화이며 소그룹 회원 중에서 한 분이 읽습니다.
> 3) 각 과는 성경 인물의 리더십을 3개의 특징으로 구분하였고, 각 특징별로 다시 3개에서 5개의 문장으로 나누어 설명했습니다. 각 문장 밑에는 성경 구절이 기록되어 있는데 이 성경 구절은 소그룹 회원들과 함께 읽습니다.
> 4) 리더십을 설명하는 각각의 문장 속에는 괄호가 만들어져 있는데 소그룹 회원들은 소그룹 리더의 설명을 들으면서 괄호 안의 빈칸에 들어갈 단어를 씁니다. 이것은 성경 공부에 대한 집중력을 높이기 위한 것입니다.
> 5) 성경 구절 밑에는 각 문장을 설명하는 내용이 있는데 리더는 이 내용을 읽고 보충 설명이 필요할 경우에는 추가로 설명해 줍니다.

6) 리더의 특징을 소개하는 내용이 끝날 때마다 '나눔을 위한 질문'이 있는데 소그룹 리더는 소그룹 회원들이 돌아가면서 각자의 생각을 나눌 수 있도록 모임을 이끌어 갑니다.

7) 성경 인물의 리더십을 공부한 후에는 존 맥스웰 박사의 책 『사람은 무엇으로 성장하는가』(비즈니스북스, 2012)에 나오는 '15가지 성장 법칙'을 소개하고 성경 인물에게 적용하는 시간을 갖습니다.

8) 각 과 끝 부분의 '적용과 기도'는 그 과를 마무리하는 시간으로, 소그룹 리더와 회원들은 이 시간에 각자가 깨달은 것과 결단한 것을 나눕니다. 마지막으로 함께 기도 제목을 나누고 기도하는 시간을 갖습니다. 성경 공부를 시작할 때는 소그룹 회원이 기도하고, 마칠 때는 리더가 기도합니다.

05 '나눔을 위한 질문'은 회원들이 서로 돌아가면서 얘기합니다. 생각할 시간이 필요한 질문에 대해서는 소그룹 리더가 먼저 본인의 생각을 나눕니다. 나눔 시간에는 옳거나 그르거나를 따지거나 논쟁하지 않도록 주의하고 서로 경청해야 합니다. 한 사람이 너무 오랫동안 얘기하지 않도록 리더는 나눔 시간을 1인당 5분 이내로 제한하여 모임을 이끌어 갑니다.

06 매주마다 준비 과제가 있는데 리더는 소그룹 회원들이 과제를 꼭 해오도록 격려해 줍니다. 성경 통독은 공부할 인물에 관계된 성경으로 정했는데, 성경을 통독한 후에는 가장 감동이 되고 도전이 된 성경 구절을 선택하여 함께 나눕니다. 성경 공부를 진행하는 동안 두 권의 책을 읽고, 독서 보고서를 A4용지에 2~3장 분량으로 작성하여 제출합니다.

07 소그룹 리더는 소그룹 회원들을 위해 기도하고 교재를 철저하게 준비해야 합니다. 소그룹 회원들과 나눌 때에는 반드시 그들의 말을 경청하고 필요할 경우에는 간단한 멘트를 해줍니다.

제1부
리더를 세우는 목적

01. 리더를 세우는 목적

01. 리더를 세우는 목적

에베소서 4:11~14

11 그가 어떤 사람은 사도로, 어떤 사람은 선지자로, 어떤 사람은 복음 전하는 자로, 어떤 사람은 목사와 교사로 삼으셨으니

12 이는 성도를 온전하게 하여 봉사의 일을 하게 하며 그리스도의 몸을 세우려 하심이라

13 우리가 다 하나님의 아들을 믿는 것과 아는 일에 하나가 되어 온전한 사람을 이루어 그리스도의 장성한 분량이 충만한 데까지 이르리니

14 이는 우리가 이제부터 어린 아이가 되지 아니하여 사람의 속임수와 간사한 유혹에 빠져 온갖 교훈의 풍조에 밀려 요동하지 않게 하려 함이라

 가장 존경하는 리더를 3명씩 찾아보고, 존경하는 이유를 나누어 보세요.

예화 속으로 기러기들이 추운 겨울을 보내기 위해 따뜻한 남쪽 나라로 이동할 때 '브이'(V)자로 줄을 지어서 하늘을 날아갑니다. 과학자들은 이러한 원인을 연구하여 그 이유를 밝혀냈습니다. 기러기 떼가 '브이'(V)자로 날게 되면 혼자서 날아가

는 것보다 71%를 더 멀리 날 수가 있다고 합니다. 결국 기러기들은 더 멀리 날기 위해서 떼를 지어 날아가는 것입니다.

기러기 떼가 '브이'(V)자 형으로 날아갈 때 가장 선두에 있는 기러기가 전체 기러기 떼를 이끌기 때문에 그 기러기의 역할이 매우 중요합니다. 건강하고 노련한 기러기라야 그 역할을 잘 수행할 수 있습니다. 하지만 리더일지라도 선두에서 계속 하늘을 나는 것은 무척 힘든 일입니다. 따라서 기러기들은 선두에 있는 리더가 힘을 낼 수 있도록 소리를 내면서 응원해 주며, 선두에 있는 리더가 지치면 그는 뒤쪽으로 물러나고 다른 기러기가 교대로 선두에 서서 먼 여행을 이어갑니다. 기러기들은 이런 방법으로 그들의 목적지로 날아갑니다.

교회를 효과적으로 운영하기 위해서는 '리더를 세우는 일'이 매우 중요합니다. 교회 안에 좋은 리더들을 세울 때 교회 사역도 풍성해지고 교회도 든든하게 설 수가 있습니다.

본문에서 사도 바울은 하나님께서 각자의 은사에 따라서 어떤 사람은 사도로, 어떤 사람은 선지자로, 어떤 사람은 복음 전하는 자로, 또 어떤 사람은 목사와 교사로 세웠다고 말합니다. 이들은 교회를 세우는 중요한 리더들입니다. 이 시간에는 교회 안에 리더를 세우는 목적에 대해서 알아보겠습니다.

1. 성도를 온전하게 세우기 위해서

한 사람의 리더가 교회에 끼치는 영향력은 대단히 큽니다. 좋은 리더는 교회를 세우는 데 큰 힘이 되지만 잘못된 리더는 교회를 금방 무너뜨릴 수가 있습니다. 따라서 좋은 리더를 세우기 위해서는 많은 수고와 노력이 필요합니다.

1 리더를 세우는 목적은 성도를 ( ) 세우기 위해서입니다.

에베소서 4:12 • 이는 성도를 온전하게 하여 봉사의 일을 하게 하며 그리스도의 몸을 세우려 하심이라

사도 바울은 에베소 교회 성도들에게 보낸 편지에서 주님께서 교회에 사도와 선지자와 복음 전하는 자와 목사와 교사를 세웠다고 말합니다. 사도와 선지자와 복음 전하는 자와 목사와 교사는 교회의 중요한 리더인데, 교회가 이런 리더를 세우는 목적은 성도를 온전하게 양육하기 위함입니다.

2 온전하다는 것은 믿는 것과 아는 일에 ( ) 가 되는 것입니다.

에베소서 4:13 • 우리가 다 하나님의 아들을 믿는 것과 아는 일에 하나가 되어 온전한 사람을 이루어 그리스도의 장성한 분량이 충만한 데까지 이르리니

믿는 것과 아는 것은 다릅니다. 믿음이 좋다고 해서 성경 지식이 많은 것이 아닙니다. 성경 지식이 많다고 해서 믿음이 좋은 것도 아닙니다. 온전한 성도가 되기 위해서는 믿는 것과 아는 일이 일치되도록 노력해야 합니다. 그래야 온전한 사람으로 성장할 수 있습니다.

3 온전하다는 것은 그리스도의 장성한 분량으로 〔   〕하는 것입니다.

에베소서 4:13 • 우리가 다 하나님의 아들을 믿는 것과 아는 일에 하나가 되어 온전한 사람을 이루어 그리스도의 장성한 분량이 충만한 데까지 이르리니

우리가 본받아야 할 신앙의 대상은 예수 그리스도입니다. 우리는 성경을 통해 예수 그리스도의 신앙과 삶을 배우고 날마다 예수 그리스도를 믿고 의지해야 합니다. 그러면 예수 그리스도의 수준으로 성장하게 될 것입니다.

4 온전하다는 것은 〔   〕하지 않는 것입니다.

에베소서 4:14 • 이는 우리가 이제부터 어린아이가 되지 아니하여 사람의 속임수와 간사한 유혹에 빠져 온갖 교훈의 풍조에 밀려 요동하지 않게하려 함이라

어린 아이는 연약하고 미숙하여 속임수에 넘어가거나 간사한 유혹에 빠지기 쉽습니다. 그러나 어린 아이가 커서 성인이 되면 분별력이 생겨서 속임수에 넘어가거나 간사한 유혹에 빠지지 않습니다. 온전한 사람으로 성장하게 되면 어떤 상황에서도 요동치 않는 믿음의 사람이 될 수 있습니다.

나눔을 위한 질문

- 우리가 온전해진다는 것은 믿는 것과 아는 것이 하나가 되고 장성한 그리스도의 분량으로 성장하고 요동하지 않게 되는 것입니다. 이 기준에 따라 당신을 점검해 볼 때 당신의 온전함은 어느 정도의 수준이라고 생각합니까? (어린이, 청소년, 청장년, 장년 등)

2. 봉사의 일을 시키기 위해서

좋은 리더는 혼자서 일을 하지 않고 팀원들에게 일을 분담하여 효과적으로 일을 합니다. 만일 선교회장(전도회장)이 회원들에게 일을 분담하지 않고 혼자서 한다면 일의 효과도 적을뿐더러 본인도 금방 지칠 것입니다. 그러므로 선교회장(전도회장)은 일을 잘 시킬 줄 알아야 합니다.

1 리더를 세우는 목적은 [   ]의 일을 시키기 위해서입니다.

에베소서 4:12 • 이는 성도를 온전하게 하여 봉사의 일을 하게 하며 그리스도의 몸을 세우려 하심이라

좋은 리더는 팀원들이 효과적으로 일할 수 있도록 일을 잘 분담해야 합니다. 리더는 자기가 꼭 해야 할 일만 하고, 자기가 하지 않아도 되는 일은 팀원에게 맡겨야 합니다. 그래야 리더의 사명을 감당할 수가 있습니다.

2 리더는 일하기 좋은 [   ]를 만들어야 합니다.

교회 사역은 대부분 자원봉사로 이루어집니다. 그러다보니 리더가 일하기가 곤란할 때가 많습니다. 리더가 권위적인 자세로 일을 시킨다면 팀원들이 싫어할 것입니다. 그렇다고 리더가 혼자서 일을 하기에는 벅찰 것입니다. 그러므로 리더는 일하기 좋은 분위기를 만들어야 합니다.

3 이드로는 모세에게 [   ]를 세울 것을 제안했습니다.

출애굽기 18:25~26 • 모세가 이스라엘 무리 중에서 능력 있는 사람들을 택하여 그들을 백성의 우두머리 곧 천부장과 백부장과 오십부장과 십부장을 삼으매 그들이 때를 따라 백성을 재판하되 어려운 일은 모세에게 가져오고 모든 작은 일은 스스로 재판하더라

모세의 장인 이드로는 모세에게 이스라엘 백성 중에서 천부장, 백부장, 오십부장, 십부장과 같은 사람을 뽑아서 리더로 세우라고 제안했습니다. 큰 일은 모세가 담당하고, 작은 일은 리더들에게 맡기라고 했습니다. 모세가 장인의 제안대로 시행했을 때 훨씬 효과적인 사역이 이루어졌습니다.

4 하나님이 공급해 주시는 [   ] 봉사해야 합니다.

베드로전서 4:11 • 만일 누가 말하려면 하나님의 말씀을 하는 것 같이 하고 누가 봉사하려면 하나님이 공급하시는 힘으로 하는 것 같이 하라 이는 범사에 예수 그리스도로 말미암아 하나님이 영광을 받으시게 하려 함이니 그에게 영광과 권능이 세세에 무궁하도록 있느니라 아멘

남에게 인정받고 싶은 마음으로 봉사하면 낙심하거나 실족할 수가 있습니다. 내 힘과 내 능력으로 봉사하면 금방 지치고 힘들 수도 있습니다. 베드로는 초대교회 성도들에게 내 힘과 내 능력이 아닌 하나님이 공급해 주시는 힘으로 봉사하라고 권면했습니다.

 나눔을 위한 질문

- 당신은 일을 잘 시키는 사람입니까? 아니면 혼자서 일하기를 좋아하는 사람입니까? 당신이 일을 잘 시키거나 혹은 못 시키는 이유가 무엇이라고 생각합니까?

3. 교회를 든든히 세우기 위해서

사도 바울은 이방인을 대상으로 순회 전도를 했습니다. 따라서 그가 사역할 때 사역자를 훈련하여 세우는 일이 매우 중요했습니다. 바울이 훈련한 사역자들에게 교회를 맡겼기 때문에 교회가 든든하게 세워질 수가 있었습니다.

1 리더를 세우는 목적은 〔   〕를 든든히 세우기 위함입니다.

에베소서 4:12 • 이는 성도를 온전하게 하여 봉사의 일을 하게 하며 그리스도의 몸을 세우려 하심이라

좋은 리더가 세워질 때 교회는 든든하게 세워질 수 있습니다. 하지만 잘못된 리더가 세워진다면 교회는 어려움을 당하게 될 것입니다. 그러므로 교회를 든든하게 세우려면 좋은 리더를 세워야 합니다.

2 교회를 든든히 세우려면 〔   〕를 잘 지켜야 합니다.

에베소서 4:12 • 이는 성도를 온전하게 하여 봉사의 일을 하게 하며 그리스도의 몸을 세우려 하심이라

건강한 교회를 세우려면 순서를 지키는 것이 매우 중요합니다. 먼저 교회는 성도를 온전하게 훈련해야 합니다. 그리고 훈련받은 성도에게 봉사의 일(사역)을 맡겨야 합니다. 훈련을 받지 않은 성도에게 봉사의 일(사역)을 맡김으로 교회 안에 문제가 생기고 어려움을 겪는 경우가 많습니다. 그러므로 교회를 든든하게 세우기 위해서는 이 순서를 잘 지켜야 합니다.

3 리더는 사명을 감당할 수 있는 [   ]을 갖추어야 합니다.

감리교회 장로의 직분은 입교인(18세 이상의 세례교인) 30명에 한 명을 세울 수 있습니다. 이것은 장로가 입교인 30명 분량을 감당하는 중요한 직분자라는 의미입니다. 감리교회 권사의 직분은 입교인 15명에 한 명을 세울 수 있습니다. 이것은 권사가 입교인 15명 분량을 감당하는 중요한 직분자라는 의미입니다. 장로와 권사가 맡은 직분을 감당할 수 있는 능력을 갖추게 될 때 교회는 든든하게 세워질 것입니다.

나눔을 위한 질문

- 당신은 지금 맡은 직분을 잘 감당하고 있습니까? 당신이 직분을 감당하는 점수가 몇 점이라고 생각합니까?

맥스웰의 15가지 성장 법칙을 리더에게 적용하기
호기심의 법칙과 리더의 성장

존 맥스웰(John C. Maxwell) 박사는 전 세계에서 가장 저명한 리더십 전문가입니다. 지난 30년 동안 500만 명이 넘는 리더를 길러낸 맥스웰 박사는 지금까지의 모든 연구 결과를 『사람은 무엇으로 성장하는가(15가지 성장 법칙)』라는 한 권의 책에 담았습니다. 이 책에는 내 안에 잠자는 거인을 깨우는 방법이 들어있습니다. 따라서 이 '15가지 성장 법칙'이 리더십 향상에 도움이 될 것을 기대하면서 이 교재에 적용하였습니다.

맥스웰 박사는 대학교 1학년 때 창의력 검사를 받았는데 그 결과는 학급에서 거의 꼴찌 수준이었습니다. 이때 충격을 받은 맥스웰 박사는 창의성을 높이기로 결심하고 책이나 신문에서 인용문, 좋은 글, 아이디어를 모으면서 재미있는 생각, 기발하고 감동적인 표현들을 찾기 위해 열심히 노력했습니다.

그들의 말과 이야기가 "왜 그렇게 재미있을까?", "왜 매력적일까?", "왜 웃기는 걸까?", "왜 공감이 가는 걸까?" 한동안 이런 질문에 몰두하자 그 속에서 배울만한 점을 발견하였습니다. 이렇게 오랫동안 노력한 결과 맥스웰 박사의 의사소통 능력은 한 단계 뛰어 올랐고, 자기계발과 성장도 더욱 활기를 띠게 되었습니다.

호기심이 있으면 평생 배우고 꾸준히 자기계발을 하고 성장하는 데 유리합니다. 호기심이 많은 사람은 누가 시키지 않아도 자나깨나 질문하고 탐구합니다. 그런데 호기심을 유지하려면 무엇보다 새로운 것을 배우고 경험하거나 모르는 사람을 만나겠다는 각오로 하루를 시작하는 것이 좋습니다. 이를 위해서

는 다음의 세 가지가 필요합니다.

첫째, 새로운 것에 열린 자세로 임해야 합니다. 또한 하루를 다양한 기회가 있는 배움의 장으로 생각해야 합니다.

둘째, 늘 눈과 귀를 열어두어야 합니다. 성공하지 못하는 사람들은 대부분 하루를 무심히 보내고 그냥저냥 살아가면서 별 탈 없기를 바랍니다. 그러나 성공하는 사람들은 집중력을 유지하면서도 민감하게 주변을 살펴 언제든 새로운 경험을 받아들입니다.

셋째, 되돌아봐야 합니다. 새로운 것을 접해도 따로 시간을 내어 생각하지 않으면 별로 도움이 되지 않습니다. 그러므로 새로운 것을 제대로 배우려면 하루를 마칠 때 따로 시간을 내어 자신에게 질문하고 배운 것을 생각해 보는 것이 좋습니다.

호기심의 법칙 적용하기

법칙 1
호기심의 법칙을 읽고 당신이 깨달은 것을 나누어 보세요.

법칙 2
이 교재를 공부하면서 당신이 기대하는 것이 무엇인지를 나누어 보세요.

적용과 기도

리더를 세우는 목적은 성도를 온전하게 세우고, 봉사의 일을 시키고, 교회를 든든히 세우기 위함입니다. 이 시간에 리더를 세우는 목적을 공부하면서 당신이 배운 것과 깨달은 것이 무엇인지를 나누어 보세요.

교회를 세우는 리더가 되기 위해서 당신에게 필요한 것이 무엇인지를 나누어 보세요.

우리 교회가 리더를 세우는 교회가 되고, 당신이 좋은 리더로 성장할 수 있도록 함께 기도합시다.

노벨

　알프레드 노벨은 다이너마이트와 전쟁에 사용되는 무기들을 개발하여 엄청난 재산을 모은 스웨덴의 화학자였습니다. 그의 형이 죽었을 때 한 신문이 실수로 형의 사망 기사 대신 노벨의 사망 기사를 실었습니다. 그 신문은 노벨을 '수많은 사람들을 서로 죽이게 함으로써 많은 돈을 벌어들인 사람'이라고 소개했습니다. 노벨은 이런 평가에 충격을 받고 그때부터 자신의 재산을 인류에 유익을 끼칠 업적들을 기리는 데 사용하기로 결심했습니다. 노벨은 말년에 자신의 삶을 평가해 볼 수 있는 기회를 갖게 되어 자신에 대한 잘못된 평가를 새롭게 하는 삶을 살 수 있었습니다.

제 2부
구약의 리더와 리더십

01. 아브라함

믿음의 리더

01. 아브라함 : 믿음의 리더

> **창세기 12:1~4**
>
> 1 여호와께서 아브람에게 이르시되 너는 너의 고향과 친척과 아버지의 집을 떠나 내가 네게 보여 줄 땅으로 가라
>
> 2 내가 너로 큰 민족을 이루고 네게 복을 주어 네 이름을 창대하게 하리니 너는 복이 될지라
>
> 3 너를 축복하는 자에게는 내가 복을 내리고 너를 저주하는 자에게는 내가 저주하리니 땅의 모든 족속이 너로 말미암아 복을 얻을 것이라 하신지라
>
> 4 이에 아브람이 여호와의 말씀을 따라갔고 롯도 그와 함께 갔으며 아브람이 하란을 떠날 때에 칠십오 세였더라

 아브라함을 생각할 때 가장 먼저 떠오르는 단어가 무엇입니까?

예화 속으로 어느 부족의 추장이 후계자를 선발하겠다는 광고를 냈습니다. 수많은 사람들이 추장의 후계자가 되기 위해 몰려왔습니다. 추장은 여러 가지 시험을 치른 끝에 최종적으로 세 명의 후보자를 선발했습니다. 추장은 이 세 명의 후보자

에게 마을 앞에 있는 높은 산꼭대기에 올라가서 자신이 가장 소중하다고 생각하는 것을 가져오라고 했습니다. 첫 번째 후보자는 아름다운 꽃을 꺾어서 추장에게 바쳤습니다. 두 번째 후보자는 멋있는 돌을 주워서 추장에게 바쳤습니다. 그런데 세 번째 후보자는 아무 것도 가져오지 않고 추장에게 다음과 같이 보고했습니다. 그가 산꼭대기에서 산지 아래의 넓은 평원을 보았는데, 그곳에 농사를 지으면 우리 부족이 풍족히 먹고 살 수 있겠다는 것이었습니다. 결국 추장은 세 번째 후보자를 자신의 후계자로 삼았습니다. 왜냐하면 세 번째 후보자가 비전의 사람이기 때문입니다.

하나님께서 대홍수 심판과 바벨탑 사건 이후에 새로운 리더를 부르셨는데, 그가 바로 아브라함입니다. 하나님께서 아브라함을 부르신 이유는 그가 비전의 사람이기 때문입니다. 이 시간에는 아브라함의 리더십에 대해서 배워 보겠습니다.

1. 비전이 있는 리더

리더(Leader)는 비전(Vision)이 있어야 합니다. 그래서 리더를 '비전 메이커'(Vision maker)라고 부릅니다. 비전을 품고 비전을 성취할 수 있는 사람이 좋은 리더입니다.

1 하나님께서 아브라함에게 [   ]을 주셨습니다.

창세기 12:2 • 내가 너로 큰 민족을 이루고 네게 복을 주어 네 이름을 창대하게 하리니 너는 복이 될지라

하나님께서 갈대아 우르에 살던 아브라함에게 "너의 고향과 친척과 아버지의 집을 떠나 내가 네게 보여줄 땅으로 가라."(창12:1)고 말씀하셨습니다. 이때 하나님은 그에게 "내가 너로 큰 민족을 이루고, 네게 복을 주겠다."는 비전을 주셨습니다.

2 아브라함은 비전을 [   ]리더입니다.

창세기 12:4 • 이에 아브람이 여호와의 말씀을 따라갔고 롯도 그와 함께 갔으며 아브람이 하란을 떠날 때에 칠십오 세였더라

아브라함이 칠십오 세의 나이에 고향과 친척과 아버지의 집을 떠난다는 것은 쉬운 일이 아닙니다. 당시 씨족 공동체에서 고향과 아버지의 집을 떠난다는 것은 죽는 것만큼이나 힘든 일입니다. 그럼에도 불구하고 아브라함이 고향과 아버지의 집을 떠날 수 있었던 것은 그가 비전을 따라가는 리더였기 때문입니다.

3 비전을 품을 때 비전을 [   ]할 수 있습니다.

미국의 제너럴 일렉트릭(GE)이라는 기업은 100년 전만 해도 전구를 만드는 회사였습니다. 그들의 비전은 '온 세상을 밝게 하자'였고, 이 비전이 GE를 세

계 최대의 전기회사로 만들어 주었습니다. 디즈니사의 비전은 '온 세상 사람들을 즐겁게 하자'였고, 이 비전이 모든 디즈니의 영화를 즐거운 내용으로 가득 차게 만들어 주었습니다. 빌 게이츠는 '모든 사람이 개인적으로 컴퓨터를 갖게 한다'는 비전을 품었고, 이 비전은 세계의 많은 사람들이 컴퓨터를 소유하도록 만들어 주었습니다. 그러므로 비전을 품는 사람이 비전을 성취할 수 있습니다.

4 리더가 되려면 비전을 ( ) 합니다.

잠언 29:18 • 묵시가 없으면 백성이 방자히 행하거니와 율법을 지키는 자는 복이 있느니라

솔로몬은 묵시가 없으면 백성이 방자히 행한다고 말했습니다. 여기서 묵시는 '비전'(Vision)을 말하는 표현으로 비전이 없으면 사람은 망령되이 행하게 되고 타락할 수밖에 없습니다. 그러므로 좋은 리더가 되려면 비전을 품어야 합니다. 그래야 사람들을 복된 길로 인도할 수 있습니다.

 나눔을 위한 질문

● 아브라함은 비전을 품고 고향을 떠나 하나님이 지시하는 땅으로 갔습니다. 지금 당신이 품고 있는 최고의 비전은 무엇입니까?

2. 순종하는 리더

아브라함은 메소포타미아 지방의 '우르'라는 도시에서 데라의 아들로 태어났습니다. 아브라함이 칠십오 세가 되었을 때 하나님께서 "고향과 친척과 아버지의 집을 떠나 내가 지시하는 땅으로 가라."라고 말씀하셨습니다. 이때 그는 즉시 순종했습니다.

1 아브라함은 하나님이 명령하실 때 즉시 （　　　　　　）했습니다.

창세기 12:4 • 이에 아브람이 여호와의 말씀을 따라갔고 롯도 그와 함께 갔으며 아브람이 하란을 떠날 때에 칠십오 세였더라

하나님께서 아브라함에게 "너의 고향과 친척과 아버지의 집을 떠나 내가 지시하는 땅으로 가라(창12:1)."고 명령하셨을 때 아브라함의 나이는 칠십오 세의 고령이었습니다. 그러므로 그가 하나님의 명령에 순종한다는 것이 쉬운 일이 아니었습니다. 그럼에도 불구하고 그는 하나님의 명령에 즉시 순종했습니다.

2 하나님은 아브라함의 믿음을 （　　　　　　）했습니다.

창세기 22:2 • 여호와께서 이르시되 네 아들 네 사랑하는 독자 이삭을 데리고 모리아 땅으로 가서 내가 네게 일러 준 한 산 거기서 그를 번제로 드리라

아브라함은 100세에 첫 번째 아들을 낳았습니다. 아브라함은 100세에 얻은 아들로 인하여 너무나도 기쁘고 행복했습니다. 그는 이삭을 키우면서 매일매일 행복한 시간을 보냈습니다. 그러던 어느 날 하나님께서 그에게 이삭을 "모리아 산에 가서 제물로 드리라."고 명령하셨습니다. 이것은 아브라함의 믿음을 테스트하기 위한 하나님의 시험이었습니다.

3 아브라함은 하나님의 명령에 [   ] 순종했습니다.

창세기 22:3 • 아브라함이 아침에 일찍이 일어나 나귀에 안장을 지우고 두 종과 그의 아들 이삭을 데리고 번제에 쓸 나무를 쪼개어 가지고 떠나 하나님이 자기에게 일러 주신 곳으로 가더니

하나님께서 100세에 얻은 이삭을 제물로 바치라고 명령하셨을 때 아브라함은 그 이유를 묻고 싶었을 것입니다. 하지만 그는 묵묵히 순종했습니다. 하나님께서 이렇게 말씀하신 이유를 이해할 수 없었지만 그는 하나님의 계획을 믿고 순종했습니다.

4 하나님의 명령은 상식적으로 [   ] 하기 힘든 명령입니다.

창세기 22:2 • 여호와께서 이르시되 네 아들 네 사랑하는 독자 이삭을 데리고 모리아 땅으로 가서 내가 네게 일러 준 한 산 거기서 그를 번제로 드리라

이삭을 제물로 바치라는 하나님의 명령은 도저히 이해할 수 없고 받아들일 수도 없는 명령입니다. 그럼에도 불구하고 아브라함은 순종했습니다. 하나님은 우리에게도 이해할 수 없고 받아들이기 힘든 일을 명령하실 때가 있습니다. 이때 우리도 하나님의 뜻에 순종할 수 있어야 합니다.

 나눔을 위한 질문

• 아브라함은 고향과 친척과 아버지의 집을 떠나라는 것과 이삭을 제물로 바치라는 하나님의 명령에 그대로 순종했습니다. 당신이 지금까지 살아오는 동안 순종하기 가장 힘들었던 일이 무엇입니까?

3. 양보하는 리더

자신은 양보하지 않으면서 상대방이 양보해 주기를 기대할 때가 있습니다. 서로 양보하지 않아서 갈등하거나 어려움을 당할 때도 있습니다. 그러나 리더는 양보할 줄 알아야 합니다. 내 것을 고집하면서 양보하지 않는다면 좋은 리더가 될 수 없습니다.

1 아브라함은 롯과 재산 문제로 (　　　　　　　)이 생겼습니다.

창세기 13:7 • 그러므로 아브람의 가축의 목자와 롯의 가축의 목자가 서로 다투고 또 가나안 사람과 브리스 사람도 그 땅에 거주하였는지라

아브라함은 조카 롯과 가나안 땅에 살면서 재산이 점점 많아졌습니다. 그러다 보니 가축을 치는 목자들 간에 서로 다투는 일이 생겼습니다. 그 결과 아브라함과 롯도 서로 마음이 상할 때가 있었고, 갈등하게 되었습니다.

2 아브라함은 롯에게 (　　　　　　)를 했습니다.

창세기 13:8~9 • 아브라함이 롯에게 이르되 우리는 한 친족이라 나나 너나 내 목자나 네 목자나 서로 다투게 하지 말자 네 앞에 온 땅이 있지 아니하냐 나를 떠나가라 네가 좌하면 나는 우하고 네가 우하면 나는 좌하리라.

아브라함은 롯의 삼촌이기 때문에 분가(分家)를 할 때 먼저 좋은 땅을 차지할 권한이 있습니다. 그런데 아브라함은 "네가 좌하면 나는 우하고 네가 우하면 나는 좌하리라."고 말하면서 조카 롯에게 우선권을 주었습니다. 이런 점에서 아브라함은 양보하는 리더임을 알 수 있습니다.

3 양보하기 힘든 상황에서 양보하는 사람이 [　　　　　　] 리더입니다.

어떤 목사가 교회를 개척하기 위해서 개척할 건물을 찾아다녔습니다. 그런데 교회를 개척하기에 좋은 장소에는 어김없이 다른 교회가 있었습니다. 또 어렵게 건물을 찾더라도 개척교회를 한다고 하면 건물주가 허락하지를 않았습니다. 그는 계속 개척할 건물을 찾아다니다가 드디어 마음에 드는 건물을 찾게 되었습니다. 그런데 이번에는 그 건물 주변에 있는 다른 교회 목사가 교회가 개척되는 것을 반대했습니다. 수차례 찾아가서 부탁한 끝에 겨우 허락을 받아냈습니다. 이 일을 통해 이 목사는 양보하기 어려운 상황에서 양보하는 사람이 좋은 리더라는 것을 깨닫게 되었습니다.

4 [　　　　　　] 을 내려놓을 때 양보할 수 있습니다.

에베소서 4:22 • 너희는 유혹의 욕심을 따라 썩어져 가는 구습을 따르는 옛 사람을 벗어 버리고

욕심을 품으면 양보하기가 어렵습니다. 쌀 아흔아홉 섬을 가진 사람이 한 섬을 가진 사람의 것을 빼앗아 백 섬을 채우고 싶어하는 것이 인간의 욕심입니다. 이런 욕심을 내려놓지 않는다면 양보를 할 수가 없게 됩니다.

나눔을 위한 질문

• 아브라함은 조카 롯에게 좋은 땅을 양보했습니다. 당신이 양보하기 힘든 상황에서 양보한 때가 언제입니까?

맥스웰의 15가지 성장 법칙을 리더에게 적용하기
내려놓음의 법칙과 아브라함의 성장

　맥스웰 박사는 '모든 기업의 승패는 리더에게 달렸다'고 생각하면서 리더십에 비전을 갖기 시작했습니다. 그리고 40년 동안 최선을 다해 열정적으로 리더십을 연구하여 가르쳤습니다. 그 결과 맥스웰 박사는 전 세계적으로 영향력이 있는 리더십 전문가가 되었습니다. 그러므로 사람이 다음 단계로 성장하기 위해서는 비전과 열정과 노력이 필요합니다.

　그런데 사람이 다음 단계로 성장하는 데 또 한 가지 필요한 것이 '내려놓기'입니다. 내려놓을 줄 아는 사람이 더 큰 성공을 거두고 잠재력을 발휘할 수 있습니다. 사람은 시작할 때는 포기할 게 별로 없지만 지위가 올라가고 좋은 것이 쌓일수록 내려놓기가 점점 어려워집니다. 성공하고 나면 배움의 자세를 잃어버리기도 합니다. 많은 사람이 어느 정도 성공했으니 그냥저냥 살아도 되지 않을까, 그만 성장해도 되지 않을까 하는 유혹에 빠집니다.

　하지만 무조건 내려놓는다고 능사는 아닙니다. 맥스웰 박사는 내려놓기를 정말로 중요하게 생각하지만 그의 인생에는 절대로 내려놓을 수 없는 것도 있습니다. 그는 일을 위해서 결코 결혼생활을 내려놓지 않을 것이며, 부(富) 혹은 명예 때문에 자기 아이들이나 손자들과의 관계를 내려놓지도 않을 것이라고 합니다. 자기 가치관도 어떤 이유로든 내려놓을 수 없다고 합니다.

　대부분의 사람들이 인생 여정에서 많은 것을 움켜쥐려고 합니다. 아무 것도 포기하지 않고 계속해서 더 차지하려고 합니다. 하지만 하루에 쓸 수 있는

시간도 한정되어 있고, 육체적·정신적 한계도 있어서 어느 시점에서는 한계에 부딪칠 수밖에 없습니다. 덧붙여 잊지 말아야 할 사실은 '우리가 변하지 않으면 아무 것도 변하지 않는다'는 것입니다. 잠재력을 발휘하고 싶으면 기꺼이 내려놓는 사람이 되어야 합니다.

내려놓음의 법칙 적용하기

법칙 1

내려놓음의 법칙을 읽고 당신이 깨달은 것을 나누어 보세요.

법칙 2

하나님께서 아브라함에게 고향과 친척과 아버지의 집을 떠나라고 명령했을 때, 그리고 이삭을 제물로 바치라고 명령했을 때 그는 즉시 순종했습니다. 내려놓음의 법칙에 근거하여 아브라함이 리더로 성장하는 데 영향을 준 것이 무엇인지를 나누어 보세요.

적용과 기도

 아브라함은 비전이 있는 리더, 순종하는 리더, 양보하는 리더였습니다. 이 시간에 아브라함의 리더십을 공부하면서 당신이 배운 것과 깨달은 것이 무엇인지를 나누어 보세요.

 아브라함과 같은 리더가 되기 위해서 당신이 결심한 것이 무엇인지를 나누어 보세요.

 아브라함과 같은 리더가 되기 위해서 함께 기도합시다.

02. 요셉

꿈꾸는 리더

02. 요셉 : 꿈꾸는 리더

창세기 41:38~43

38 바로가 그의 신하들에게 이르되 이와 같이 하나님의 영에 감동된 사람을 우리가 어찌 찾을 수 있으리요 하고

39 요셉에게 이르되 하나님이 이 모든 것을 네게 보이셨으니 너와 같이 명철하고 지혜 있는 자가 없도다

40 너는 내 집을 다스리라 내 백성이 다 네 명령에 복종하리니 내가 너보다 높은 것은 내 왕좌뿐이니라

41 바로가 또 요셉에게 이르되 내가 너를 애굽 온 땅의 총리가 되게 하노라 하고

42 자기의 인장 반지를 빼어 요셉의 손에 끼우고 그에게 세마포 옷을 입히고 금 사슬을 목에 걸고

43 자기에게 있는 버금 수레에 그를 태우매 무리가 그의 앞에서 소리 지르기를 엎드리라 하더라 바로가 그에게 애굽 전국을 총리로 다스리게 하였더라

 요셉을 생각할 때 가장 먼저 떠오르는 단어가 무엇입니까?

예화 속으로 대의그룹 채의숭 회장은 대천농고 2학년 때 세 가지 꿈을 꾸었습니다. 첫째는 박사 학위를 가진 교수가 되는 것, 둘째는 큰 회사의 사장이 되는 것, 셋째는 교회 100개를 건축하는 것이었습니다. 대천농고 2학년에 재학 중인 학생에게 이 세 가지 꿈은 모두가 허황된 꿈처럼 보였을 것입니다. 하지만 그는 이 세 가지의 꿈을 꾸기 시작한 날부터 이 꿈을 이루기 위해 단 하루도 쉬지 않고 기도했습니다. 그 결과 그의 꿈이 하나씩 이루어지기 시작했습니다.

그는 1981년에 (주)대우 아프리카 사장이 되면서 그의 첫 번째 꿈을 25년 만에 이루었습니다. 1984년에는 건국대학교에서 경제학 박사학위를 받고 교수가 되어 그의 두 번째 꿈을 28년 만에 성취하였습니다. 2014년에는 100번째 교회를 건축하여 그의 세 번째 꿈을 58년 만에 성취하였습니다. 그러므로 꿈을 꾸는 것이 중요합니다.

요셉은 꿈을 꾸는 사람이었습니다. 요셉은 애굽에 종으로 팔려갔지만 그럼에도 불구하고 꿈꾸는 일을 포기하지 않았습니다. 나중에 요셉은 애굽의 총리가 되어 애굽을 다스리게 되었습니다. 이 시간에는 요셉의 리더십에 대해서 배워 보겠습니다.

1. 꿈을 꾸는 리더

요셉은 꿈을 꾸는 리더였습니다. 그는 자주 꿈을 꾸었고 형들은 그를 '꿈꾸는 자'(창 37:19)라고 불렀습니다. 요셉은 그가 꿈 꾼대로 꿈을 이루었습니다.

1 하나님은 요셉에게 장차 [   ] 일을 보여 주셨습니다

창세기 37:7 • 우리가 밭에서 곡식 단을 묶더니 내 단은 일어서고 당신들의 단은 내 단을 둘러서서 절하더이다

요셉이 어렸을 때 이상한 꿈을 꾸었습니다. 형들의 곡식 단이 자기의 곡식 단을 향해 둘러서서 절을 하는 꿈이었습니다. 요셉은 하늘의 해와 달과 열 한 개의 별이 자기를 향하여 절을 하는 꿈도 꾸었습니다. 이것은 요셉이 장차 세상을 다스리는 것을 보여주는 꿈이었습니다. 하나님은 꿈을 통해 그가 장차 행할 일을 보여 주셨습니다.

2 꿈을 꾸는 사람은 꿈을 [   ] 됩니다.

창세기 37:18~19 • 요셉이 그들에게 가까이 오기 전에 그들이 요셉을 멀리서 보고 죽이기를 꾀하여 서로 이르되 꿈꾸는 자가 오는도다

라이트 형제가 하늘을 나는 꿈을 꾸었기 때문에 비행기를 개발할 수 있었습니다. 헨리 포드가 말(馬)보다 더 좋은 교통수단을 꿈꾸었기 때문에 자동차를 발명할 수 있었습니다. 에디슨이 어둠을 밝히는 도구를 꿈꾸었기 때문에 전구를 발명할 수 있었습니다. 꿈을 꾸는 사람은 그 꿈을 이루게 됩니다.

3 꿈을 꾸는 사람은 고난 중에도 [   ] 하게 됩니다.

창세기 39:2 • 여호와께서 요셉과 함께 하시므로 그가 형통한 자가 되어 그의 주인 애굽 사람의 집에 있으니

형들에게 미움을 받은 요셉은 결국 그들에 의해서 애굽에 종으로 팔려갔습니다. 그러나 하나님께서 요셉과 함께 하심으로 그를 형통케 해 주셨습니다. 그는 애굽의 친위대장 보디발에게 인정을 받아 가정 총무로 일하게 되었습니다. 이와 같이 꿈을 꾸는 사람은 고난 중에도 형통한 삶을 살게 됩니다.

4 꿈을 이루기 위해서는 (   )가 필요합니다.

차사순 할머니는 자동차 운전면허를 따고 싶은 꿈이 있었습니다. 그는 필기시험에서 무려 959번이나 떨어졌지만 계속 도전하여 960번째 도전에서 마침내 운전면허를 취득했습니다. 이때 할머니의 나이가 69세였습니다. 그의 도전이 아름다운 것은 꿈을 이루기 위해서 끝까지 인내했다는 것입니다.

 나눔을 위한 질문

- 요셉은 꿈을 꾸는 사람이었습니다. 당신이 어린 시절에 꾸었던 꿈과 지금 당신의 꿈은 무엇입니까?

2. 통찰력이 있는 리더

통찰력은 영어로 '인싸잇'(Insight)입니다. 통찰력은 안쪽을 들여다볼 수 있는 능력이고 미래를 내다볼 수 있는 능력입니다. 리더는 당장에 눈앞에 있는 현실만 봐서는 안 되고 먼 미래를 내다볼 수 있는 능력을 갖춰야 합니다.

1 요셉은 (　　　　　　　　　) 이 있는 리더입니다.

창세기 41:38~39 • 바로가 그의 신하들에게 이르되 이와 같이 하나님의 영에 감동된 사람을 우리가 어찌 찾을 수 있으리요 하고 요셉에게 이르되 하나님이 이 모든 것을 네게 보이셨으니 너와 같이 명철하고 지혜 있는 자가 없도다

바로 왕이 꾼 꿈은 장차 애굽 땅에 닥쳐올 7년 풍년과 7년 흉년에 관한 것이었습니다. 어느 누구도 이 꿈을 해석하지 못했지만 요셉은 하나님이 주신 지혜와 통찰력으로 바로의 꿈을 해석했습니다. 요셉이 바로의 꿈을 해석했을 때 바로와 그의 신하들이 감동했고, 이 일을 계기로 요셉은 애굽의 총리가 되었습니다.

2 (　　　　　　　　) 들은 통찰력이 있는 사람들입니다.

조선에 들어온 선교사들은 교회와 함께 학교와 병원과 고아원을 건축했습니다. 학교에서는 가르치는 일을, 병원에서는 환자를 치료하는 일을, 고아원에서는 부모가 없는 아이들을 돌봐주는 일을 했습니다. 선교사들이 전도와 이런 일들을 병행할 때 교회는 점점 부흥하게 되었습니다.

선교사들이 136년 전에 세운 연세대학교와 이화여자대학교와 배재대학교는

명문대학이 되어 후학을 양성하는 일을 감당하고 있습니다. 선교사들이 136년 전에 세운 세브란스 병원은 현재 최고의 병원이 되어 환자들을 치료하고 있습니다. 조선에 들어온 선교사들이 통찰력이 있었기 때문에 학교와 병원과 고아원을 건축하여 조선의 복음화를 앞당길 수가 있었습니다.

3 〔   〕가 부흥하려면 통찰력이 필요합니다.

교회는 지금 당장 눈앞에 있는 것만 보지 말고 먼 미래를 내다보는 통찰력을 가져야 합니다. 오늘날 교회가 지역 사회와 지역 주민들을 도울 수 있는 일이 무엇인지를 찾아서 섬긴다면 전도의 문이 열리게 될 것입니다. 불우 이웃 돕기, 바자회, 장학금 지급 등은 지역을 섬기는 좋은 예가 될 것입니다.

나눔을 위한 질문

- 요셉은 통찰력이 있는 리더였습니다. 우리 교회가 통찰력을 가지고 지역 사회에 관심을 기울여야 할 일이 무엇이라고 생각합니까?

3. 훈련을 통해 성장하는 리더

리더는 "태어나는 것이 아니라 만들어진다."는 말이 있습니다. 태어날 때부터 훌륭한 리더는 거의 없습니다. 리더는 훈련을 통해 탁월한 리더로 성장하게 됩니다.

1 리더가 되려면 (   )을 받아야 합니다.

우리나라에서 장교가 되는 세 가지 길이 있습니다. 첫째는 사관학교를 졸업하고 장교가 되는 것이고, 둘째는 대학교 재학 중에 학군단에 들어가서 학군 장교(ROTC)가 되는 것이고, 셋째는 대학을 졸업하고 학사 장교가 되는 것입니다. 그런데 장교는 누가 뭐래도 사관학교 출신이 가장 장교다운 모습을 갖추고 있습니다. 그 이유는 사관학교 출신 장교들이 가장 오랫동안 철저하게 훈련을 받았기 때문입니다.

2 요셉이 애굽 총리가 된 것은 (   )을 잘 받았기 때문입니다.

창세기 39:4~5 • 요셉이 그의 주인에게 은혜를 입어 섬기매 그가 요셉을 가정 총무로 삼고 자기의 소유를 다 그의 손에 위탁하니

요셉은 형들에 의해 아라비아 상인들에게 팔려갔습니다. 그리고 애굽의 시위대장 보디발의 집에서 종으로 일했습니다. 요셉이 성실하게 일할 때 보디발이 그를 가정 총무로 세웠습니다. 보디발의 신임을 얻게 된 요셉은 보디발 집에서 모든 살림살이를 맡게 되었습니다. 그는 보디발 장군의 집에서 철저한 훈련을 받았고, 나중에 애굽 총리의 역할을 잘 수행하게 되었습니다.

3 요셉은 수많은 고난을 잘 [　　　　　] 했습니다.

창세기 39:20 • 이에 요셉의 주인이 그를 잡아 옥에 가두니 그 옥은 왕의 죄수를 가두는 곳이었더라 요셉이 옥에 갇혔으나

요셉은 보디발 장군 아내의 유혹을 거절했다가 누명을 쓰고 감옥에 갇혔습니다. 이런 상황에서 요셉은 자기의 결백을 주장하기보다 하나님의 뜻과 섭리를 믿고 인내했습니다. 우리도 요셉처럼 뜻밖의 어려움을 당할 수 있습니다. 하지만 이런 상황에서 우리도 하나님의 뜻과 섭리를 믿고 고난을 인내할 수 있어야 합니다.

4 요셉은 훈련을 통해 [　　　　　] 한 리더입니다.

창세기 41:40~41 • 너는 내 집을 다스리라 내 백성이 다 네 명령에 복종하리니 내가 너보다 높은 것은 내 왕좌뿐이니라 바로가 또 요셉에게 이르되 내가 너를 애굽 온 땅의 총리가 되게 하노라 하고

요셉은 형들에게 미움을 받다가 애굽에 종으로 팔려갔습니다. 요셉은 보디발의 아내에게 모함을 받고 감옥에 갇혔습니다. 그런데 그는 감옥에서 만난 관원장들을 통해 애굽의 행정을 배우게 되었습니다. 그는 고난을 통해 많은 것을 배우면서 성장하여 나중에 애굽의 총리가 되었습니다.

나눔을 위한 질문

• 요셉은 수많은 고난과 훈련을 통해 성장한 리더입니다. 당신이 지금까지 훈련받은 교육과 훈련 중에서 당신을 가장 성장시킨 것이 무엇입니까?

맥스웰의 15가지 성장 법칙을 리더에게 적용하기
끈기의 법칙과 요셉의 성장

무슨 일을 시작할 때 동기를 부여하는 것이 중요합니다. 하지만 성장을 말할 때 꼭 기억해야 할 점은 '동기는 사람을 움직이지만 원칙은 사람을 계속 성장하게 한다'는 것입니다. 이것이 끈기의 법칙입니다.

맥스웰 박사는 자기 계발에 집중했고 덕분에 사람들을 돌보는 사람에서 이끄는 사람으로 성장할 수 있었습니다. 맥스웰 박사는 보다 나은 일을 하거나 더 높은 자리에 오르려 한 것이 아니라 더 나은 사람으로 성장하려고 노력했습니다. 그러자 미래가 열렸고 생각보다 훨씬 더 많은 것을 성취하게 되었습니다.

인생의 목표를 달성하려면 연간 목표를 설정해야 합니다. 연간 목표를 달성하기 위해서는 그날그날의 목표를 달성해야 합니다. 우리가 그날그날의 목표를 달성하기 위해 하는 일은 처음에는 불편할 수 있지만 꾸준히 하다보면 습관이 됩니다.

작곡가 존 윌리엄스(John Williams)는 뉴욕에서 재즈 음악가의 아들로 태어나서 로스앤젤레스에서 성장했습니다. 존은 일찌감치 음악에 남다른 소질을 보였고 공군 제대 후에는 줄리아드 음대에서 피아노를 공부하고 뉴욕의 클럽과 스튜디오에서 연주를 했습니다. 그는 1960년부터 영화음악을 만들기 시작하여 영화계에서 50년이 넘도록 활동하고 있습니다. 그동안 영화음악 121편, 교향곡 1편, 협주곡 12편을 비롯하여 수많은 작품들을 작곡했습니다. 그는 아카데미상 후보로 45번 올라 5번 수상했고 그밖에 골든 글로브상 4번, 에미상 5

번, 그래미상을 21번 받았습니다. 그가 이렇게 놀라운 성과를 올릴 수 있었던 것은 그의 끈기 때문이라고 합니다.

존은 아침 일찍부터 좋든 싫든 날마다 곡을 쓰는 습관을 길렀다고 합니다. 좋은 날도 있고 그렇지 않은 날도 있지만 존은 어쨌든 날마다 최선을 다해 곡을 썼다고 합니다. 존이 곡을 쓰다 보면 작은 아이디어가 꼬리에 꼬리를 물고 떠올랐다고 합니다.

존의 인생과 작품 활동은 끈기의 법칙이 통한다는 것을 보여주는 증거입니다. 기분이 좋을 때나 상황이 편할 때만 일하는 사람은 절대로 성공할 수 없습니다. 성공의 비결은 끈기 있게 끝까지 밀고 나가는 데 있습니다.

끈기의 법칙 적용하기

법칙 1
끈기의 법칙을 읽고 당신이 깨달은 것을 나누어 보세요.

법칙 2
요셉은 야곱의 열한 번째 아들로 아버지의 사랑을 독차지했지만 이로 인하여 형들에게 미움을 받았습니다. 나중에 형들에 의해 애굽 노예로 팔려갔지만 그는 모든 고난을 참고 인내한 후에 애굽의 총리가 되었습니다. 끈기의 법칙에 근거하여 요셉이 리더로 성장하는 데 영향을 준 것이 무엇인지를 나누어 보세요.

적용과 기도

요셉은 꿈을 꾸는 리더, 통찰력이 있는 리더, 훈련을 통해 성장하는 리더였습니다. 이 시간에 요셉의 리더십을 공부하면서 당신이 배운 것과 깨달은 것이 무엇인지를 나누어 보세요.

요셉과 같은 리더가 되기 위해서 당신이 결심한 것이 무엇인지를 나누어 보세요.

요셉과 같은 리더가 되기 위해서 함께 기도합시다.

03. 모세

부르심에 순종한 리더

03. 모세 : 부르심에 순종한 리더

출애굽기 4:10~16

10 모세가 여호와께 아뢰되 오 주여 나는 본래 말을 잘 하지 못하는 자니이다 주께서 주의 종에게 명령하신 후에도 역시 그러하니 나는 입이 뻣뻣하고 혀가 둔한 자니이다

11 여호와께서 그에게 이르시되 누가 사람의 입을 지었느냐 누가 말 못 하는 자나 못 듣는 자나 눈 밝은 자나 맹인이 되게 하였느냐 나 여호와가 아니냐

12 이제 가라 내가 네 입과 함께 있어서 할 말을 가르치리라

13 모세가 이르되 오 주여 보낼 만한 자를 보내소서

14 여호와께서 모세를 향하여 노하여 이르시되 레위 사람 네 형 아론이 있지 아니하냐 그가 말 잘 하는 것을 내가 아노라 그가 너를 만나러 나오나니 그가 너를 볼 때에 그의 마음에 기쁨이 있을 것이라

15 너는 그에게 말하고 그의 입에 할 말을 주라 내가 네 입과 그의 입에 함께 있어서 너희들이 행할 일을 가르치리라

16 그가 너를 대신하여 백성에게 말할 것이니 그는 네 입을 대신할 것이요 너는 그에게 하나님 같이 되리라

 모세를 생각할 때 가장 먼저 떠오르는 단어가 무엇입니까?

예화 속으로 2002년 월드컵 축구에서 우리나라가 4강에 오르게 된 것은 히딩크 감독의 영향이 큽니다. 그는 우리나라 축구 감독을 맡은 후에 학연, 지연, 혈연에 얽매이지 않고 실력 위주로 선수를 선발했습니다. 그리고 체력과 스피드 등 철저한 기본기를 중시하면서 과학적으로 훈련을 시켰습니다. 또한 강팀과의 과감한 경쟁 등 지금까지의 국가대표 감독들과는 다른 리더십을 보여주었습니다. 그 결과 우리나라가 월드컵 축구에서 세계 4강에 오르는 기적을 이루었습니다.

당시 많은 사람들이 '히딩크 리더십'에 열광했습니다. 결국 히딩크라는 감독의 리더십이 한국 축구를 세계 4강에 올려놓은 것입니다. 이와 같이 어떤 리더가 팀을 맡느냐에 따라서 그 팀의 성패(成敗)가 결정됩니다. 따라서 리더를 잘 세우는 것이 매우 중요합니다.

하나님은 출애굽의 사명을 맡기기 위해서 모세를 부르셨습니다. 하나님이 보실 때 당시 이스라엘 백성들 가운데 모세만큼 준비된 리더는 없었습니다. 하나님께서 기대했던 것처럼 모세는 출애굽의 사명을 잘 감당했습니다. 이 시간은 모세의 리더십에 대해서 배워 보겠습니다.

1. 부르심에 순종하는 리더

하나님은 애굽에서 종살이 하던 이스라엘 백성들을 구원하기 위한 계획을 세웠습니다. 그리고 이 구원 계획을 성취할 리더로 모세를 부르셨습니다. 모세는 하나님의 부르심에 순종하여 출애굽의 사명을 성취했습니다.

1 하나님의 부르심을 받았을 때 모세는 [   ]하지 않았습니다.

> 출애굽기 3:11 • 모세가 하나님께 아뢰되 내가 누구이기에 바로에게 가며 이스라엘 자손을 애굽에서 인도하여 내리이까

> 출애굽기 4:10 • 모세가 여호와께 아뢰되 오 주여 나는 본래 말을 잘 하지 못하는 자니이다 주께서 주의 종에게 명령하신 후에도 역시 그러하니 나는 입이 뻣뻣하고 혀가 둔한 자니이다

모세는 40세까지 애굽 왕궁에서 살다가 40세에 애굽 사람을 죽이고 왕궁을 도망쳐 나와 40년 동안 미디안 광야에서 생활했습니다. 그러므로 모세는 바로 왕을 찾아갈 면목이 없었습니다. 그렇다고 이스라엘 백성들이 모세의 리더십을 인정하고 따를 리도 없었습니다. 이런 상황 속에서 모세는 핑계를 대면서 부르심에 불순종한 것입니다.

2 모세가 불순종할 때 하나님은 [   ]하지 않고 그를 [   ]했습니다.

> 출애굽기 4:13 • 모세가 이르되 오 주여 보낼 만한 자를 보내소서

> 출애굽기 4:16-17 • 그가 너를 대신하여 백성에게 말할 것이니 그는 네 입을 대신할 것이요 너는 그에게 하나님 같이 되리라 너는 이 지팡이를 손에 잡고 이것으로 이적을 행할지니라

모세는 하나님께서 부르실 때 이런저런 핑계를 대면서 거절했습니다. 그러나 하나님은 포기하지 않고 모세를 계속 설득했습니다. 모세가 언변이 부족하다고 염려할 때 하나님은 그의 형 아론을 대언자로 붙여주겠다고 약속했습니다. 모세가 바로 왕과 백성들 앞에 서는 것을 두려워할 때 하나님은 모세에게 능력의 지팡이를 들려주면서 이것으로 이적을 행하라고 말씀하셨습니다.

3 결국 모세는 하나님의 부르심에 〔   　　　　〕했습니다.

출애굽기 5:1 • 그 후에 모세와 아론이 바로에게 가서 이르되 이스라엘의 하나님 여호와께서 이렇게 말씀하시기를 내 백성을 보내라 그러면 그들이 광야에서 내 앞에 절기를 지킬 것이니라 하셨나이다

모세는 자기가 출애굽 리더의 자격이 없다고 생각했습니다. 그러나 하나님의 생각은 모세의 생각과 달랐습니다. 하나님은 모세를 출애굽 리더로 사용하기 위하여 오랫동안 준비시켰습니다. 그리고 때가 되었을 때 그를 출애굽 리더로 불렀습니다. 모세는 아론과 함께 바로를 찾아가서 이스라엘 백성을 애굽에서 내보내줄 것을 요청했습니다.

4 〔   　　　　〕할 때까지 기다리다가는 아무 것도 할 수 없습니다.

우리도 모세처럼 부족하다는 이유와 준비가 덜 되었다는 이유로 하나님의 부르심을 거절할 수가 있습니다. 하지만 우리가 완벽할 때까지 기다리고 미루다가는 아무 것도 할 수 없고, 쓰임 받을 수도 없습니다. 그러므로 하나님께서 함께 하시고 도와주심을 믿고 부르심에 순종해야 합니다.

 나눔을 위한 질문

- 모세는 하나님께서 부르실 때 다양한 핑계를 대면서 수차례 거절했습니다. 당신이 모세처럼 핑계를 대면서 하나님의 부르심에 순종하지 않은 때가 언제입니까?

2. 좋은 동역자가 있는 리더

좋은 리더가 되려면 좋은 동역자를 만나야 합니다. 목회하면서 좋은 담임목사와 장로와 부교역자와 성도를 만나는 것이 매우 중요합니다. 목회자를 돕는 좋은 동역자가 있을 때 목회가 더욱 풍성해질 수 있고, 교회가 더욱 건강해질 수 있습니다.

모세가 연약하고 부족했음에도 불구하고 출애굽 사명을 감당할 수 있었던 것은 모세 주위에 좋은 사람들이 있었기 때문입니다. 그들이 모세의 연약함을 도와주고 부족함을 채워주었기 때문에 그가 사명을 감당할 수 있었던 것입니다.

1 모세는 [   ]를 잘 만나서 생존할 수 있었습니다.

출애굽기 2:1~3 • 레위 가족 중 한 사람이 가서 레위 여자에게 장가 들어 그 여자가 임신하여 아들을 낳으니 그가 잘 생긴 것을 보고 석 달 동안 그를 숨겼으나 더 숨길 수 없게 되매 그를 위하여 갈대 상자를 가져다가 역청과 나무 진을 칠하고 아기를 거기 담아 나일 강가 갈대 사이에 두고

모세가 태어났을 때 애굽의 바로 왕은 히브리 사람들이 많아지는 것을 두려워하여 히브리 남자 아이가 태어나면 모두 죽이라고 명령했습니다. 그런데 모세의 부모님은 모세를 죽이지 않고 3개월 동안 숨겨서 키웠습니다. 하지만 더 이상 숨겨서 키울 수 없게 되자 모세를 갈대 상자에 담아 나일 강에 떠내려 보냈습니다. 그런데 이때 나일 강에서 목욕하던 바로의 딸 공주(하셉수트)가 갈대 상자에서 모세를 건져내어 그를 양자로 키웠습니다. 모세는 죽을 수밖에 없는 어려운 상황에서 태어났지만 부모님을 잘 만나서 생존할 수 있었습니다.

2 모세는 미디안 광야에서 (   )를 만났습니다.

출애굽기 2:21~22 • 모세가 그와 동거하기를 기뻐하매 그가 그의 딸 십보라를 모세에게 주었더니 그가 아들을 낳으매 모세가 그의 이름을 게르솜이라 하여 이르되 내가 타국에서 나그네가 되었음이라 하였더라

모세가 사십 세가 되었을 때 그는 애굽 사람을 죽이고 왕궁을 나와서 미디안 광야로 도망을 쳤습니다. 모세는 미디안 광야에서 미디안 제사장 '이드로'를 만났고, 그의 딸과 결혼하여 가정을 이루었습니다. 이드로는 출애굽 이후에도 모세가 이스라엘 백성을 잘 다스릴 수 있도록 많은 도움을 주었습니다.

3 모세는 (   )과 (   )이라는 좋은 동역자를 만났습니다.

출애굽기 17:12 • 모세의 팔이 피곤하매 그들이 돌을 가져다가 모세의 아래에 놓아 그가 그 위에 앉게 하고 아론과 훌이 한 사람은 이쪽에서, 한 사람은 저쪽에서 모세의 손을 붙들어 올렸더니 그 손이 해가 지도록 내려오지 아니한지라

출애굽한 이스라엘 백성들은 광야에서 아말렉 족속과 전쟁을 했습니다. 이때 여호수아는 전방에 나가서 싸우고 모세는 아론과 훌과 함께 산에 올라가서 기도했습니다. 이때 모세가 손을 들고 기도하면 이스라엘이 이기고 손을 내리고 기도를 멈추면 이스라엘이 패배하는 일이 반복되었습니다. 이런 상황에서 아론과 훌이 모세의 양 손을 붙잡고 함께 기도함으로 마침내 이스라엘이 아말렉을 물리치고 승리했습니다.

4 모세는 ( )와 ( )이라는 좋은 동역자를 만났습니다.

민수기 14:30 • 여분네의 아들 갈렙과 눈의 아들 여호수아 외에는 내가 맹세하여 너희에게 살게 하리라 한 땅에 결단코 들어가지 못하리라

여호수아와 갈렙은 가나안 땅을 정탐했던 열두 정탐군에 포함됩니다. 모든 이스라엘 백성들이 광야에서 불평하고 원망할 때 여호수아와 갈렙은 항상 모세의 편이 되어 주었습니다. 모세는 여호수아와 갈렙의 도움에 힘입어 리더의 사명을 잘 감당할 수 있었습니다.

 나눔을 위한 질문

- 모세는 좋은 사람들을 만나는 복을 받았습니다. 당신의 인생에서 가장 중요한 만남은 누구와의 만남입니까?

- 모세에게는 아론과 훌, 여호수아와 갈렙과 같은 좋은 동역자가 있었습니다. 지금 당신에게 가장 중요한 동역자는 누구입니까?

3. 인내하며 기도하는 리더

한 가정의 가장 역할을 감당하는 것이나 한 교회의 담임목사 역할을 감당하는 것은 결코 쉬운 일이 아닙니다. 하물며 200만 명이나 되는 백성들을 이끌고 40년

동안 광야를 행진하는 역할을 감당한다는 것은 더더욱 쉬운 일이 아닙니다. 모세가 인내하며 기도하는 리더가 아니었다면 결코 이 일을 감당하지 못했을 것입니다.

1 광야 생활이 길어지면서 백성들의 〔   〕과 〔   〕이 점점 커졌습니다.

> 민수기 21:5 • 백성이 하나님과 모세를 향하여 원망하되 어찌하여 우리를 애굽에서 인도해 내어 이 광야에서 죽게 하는가 이곳에는 먹을 것도 없고 물도 없도다 우리 마음이 이 하찮은 음식을 싫어하노라 하매

이스라엘 백성들은 "우리를 애굽에 그냥 내버려 두지 왜 광야로 인도해서 굶어 죽게 하느냐?"라고 말하면서 모세를 원망했습니다. 백성들은 "하나님께서 주시는 만나가 이제는 싫다."면서 불평했습니다.

2 모세는 백성들이 불평하고 원망할 때 참고 〔   〕했습니다.

> 민수기 20:5~6 • 너희가 어찌하여 우리를 애굽에서 나오게 하여 이 나쁜 곳으로 인도하였느냐 이 곳에는 파종할 곳이 없고 무화과도 없고 포도도 없고 석류도 없고 마실 물도 없도다 모세와 아론이 회중 앞을 떠나 회막 문에 이르러 엎드리매 여호와의 영광이 그들에게 나타나며

백성들이 불평하고 원망할 때 모세의 마음이 얼마나 답답하고 힘들었을까요? 하지만 그는 이런 문제로 백성들과 다투지 않았습니다. 그는 그저 묵묵히 참고 인내했습니다. 신광야 가데스에서 물이 없어 불평할 때에도 모세는 인내하면서 하나님 앞에 엎드렸습니다.

3 하나님께서 불평하는 이스라엘 백성들을 [   ] 했습니다.

민수기 21:6 • 여호와께서 불뱀들을 백성 중에 보내어 백성을 물게 하시므로 이스라엘 백성 중에 죽은 자가 많은지라

이스라엘 백성들이 광야에서 하나님과 모세를 향하여 불평하고 원망하는 소리가 점점 커져갈 때 하나님께서 불뱀을 보내어 백성들을 물게 했는데, 이때 불뱀에 물린 사람은 즉시 죽었습니다. 하나님의 심판으로 점점 더 많은 백성들이 불뱀에 물려 죽게 되었습니다.

4 모세는 불뱀에 물려 죽어가는 백성들을 위해 [   ] 했습니다.

민수기 21:7 • 백성이 모세에게 이르러 말하되 우리가 여호와와 당신을 향하여 원망함으로 범죄하였사오니 여호와께 기도하여 이 뱀들을 우리에게서 떠나게 하소서 모세가 백성을 위하여 기도하매

이스라엘 백성들이 불뱀에 물려서 죽게 되자 그들은 모세에게 도움을 청했습니다. 그리고 모세는 "백성들을 살려달라."고 하나님께 기도했습니다. 이때 하나님은 "놋뱀을 만들어 장대 높이 매어 달아라. 놋뱀을 바라보면 살게 될 것이다."라고 말씀해 주셨습니다. 모세는 즉시 놋뱀을 만들어 장대 높이 매어 달았고 놋뱀을 바라보는 자마다 살아나는 역사가 일어났습니다. 모세가 기도하는 리더였기에 백성들을 살려낼 수가 있었습니다.

5 좋은 리더는 고난당하는 이들을 위해 [　　　　　]합니다.

야고보서 5:14 • 너희 중에 병든 자가 있느냐 그는 교회의 장로들을 청할 것이요 그들은 주의 이름으로 기름을 바르며 그를 위하여 기도할지니라

모세는 광야에서 불평하다가 불뱀에 물려 죽는 백성들을 보면서 안타까운 마음으로 그들을 위해 기도했습니다. 야고보는 병든 자들에게 목회자를 초청하라고 권면했고, 목회자들에게는 병든 자들을 위해 기도하라고 권면했습니다. 결국 고난 당하는 이들을 위해 기도하는 리더가 좋은 리더입니다.

 나눔을 위한 질문

- 모세는 백성들이 불평하고 원망할 때 참고 인내하면서 기도했습니다. 당신이 가장 많이 인내하며 기도한 때가 언제입니까?

맥스웰의 15가지 성장 법칙을 리더에게 적용하기
고무줄의 법칙과 모세의 성장

맥스웰 박사는 유년 시절부터 스포츠를 좋아해서 농구공을 끼고 살다시피 했다고 합니다. 하지만 30대, 40대가 되다 보니 슬슬 운동을 멀리하게 되었고 건강 관리도 제대로 하지 못했습니다. 그러다가 쉰 살이 되어서 심장마비에 걸리고 말았습니다. 그 후로 그는 날마다 공원에서 걷기운동을 하거나 헬스장의 러닝머신 위에서 달리기를 하면서 규칙적으로 운동을 하고 있습니다. 5년 전부터는 수영을 시작하여 가능한 매일 한 시간씩 수영을 하고 있습니다.

우리의 굳은 몸은 스트레칭을 할수록 유연해집니다. 마찬가지로 하나님께서 우리에게 주신 잠재력을 개발하려면 안전지대를 벗어나 육체, 정신, 정서, 영혼을 스트레칭해야 합니다. 지난 40여 년의 세월을 돌아볼 때 맥스웰 박사가 성장할 수 있었던 원동력은 대부분 자신의 발전을 독려한 데 있었다고 합니다.

고무줄을 유용하게 쓰려면 쭉 늘여야 합니다. 고무줄뿐 아니라 우리의 인생도 마찬가지입니다. 남다른 인물이 되려면 고무줄의 법칙을 따르고 자신이 지금 있는 곳과 도달할 수 있는 곳 사이의 긴장을 발판 삼아 성장을 추구해야 합니다. 이제 막 경영계에 발을 들여놓은 한 젊은이가 잭 웰치 회장에서 물었습니다. "어떻게 하면 금방 두각을 나타내 승자로 우뚝 설 수 있겠습니까?" 잭 웰치는 다음과 같이 대답했습니다. "남보다 앞서 가려면 초과 달성 외에는 답이 없습니다."

경영 전문가 피터 드러커는 "내일의 성공을 가로막는 가장 큰 적은 오늘의 성공입니다. 노벨상을 받고 나서 세상에 큰 영향을 끼친 사람은 아무도 없습니다."라고 말했습니다. 크든 작든 성공 때문에 성장의 길에서 벗어나지 않도록 주의해야 합니다.

좋아함과 탁월함 사이에는 근소한 차이가 있지만 이 차이가 큰 차이를 만들게 됩니다. 좋아하는 사람들은 좋아하는 일에 안주하지만 탁월함에 이르는 사람들은 어떻게 하면 더 발전할 수 있는 지를 끊임없이 고민합니다. 그렇기 때문에 탁월해질 수가 있는 것입니다.

고무줄의 법칙 적용하기

법칙 1
고무줄의 법칙을 읽고 당신이 깨달은 것을 나누어 보세요.

법칙 2
모세는 애굽 왕자로 40년, 미디안 광야에서 양을 치는 목자로 40년, 그리고 출애굽 리더로 40년 동안 사명을 감당했습니다. 고무줄의 법칙에 근거하여 모세가 리더로 성장하는 데 영향을 준 것이 무엇인지를 나누어 보세요.

적용과 기도

모세는 부르심에 순종하는 리더, 좋은 동역자가 있는 리더, 인내하며 기도하는 리더였습니다. 이 시간에 모세의 리더십을 공부하면서 당신이 배운 것과 깨달은 것이 무엇인지를 나누어 보세요.

모세와 같은 리더가 되기 위해서 당신이 결심한 것이 무엇인지를 나누어 보세요.

모세와 같은 리더가 되기 위해서 함께 기도합시다.

04. 여호수아

무대 뒤에 선 리더

04. 여호수아 : 무대 뒤에 선 리더

민수기 14:1~10

1 온 회중이 소리를 높여 부르짖으며 백성이 밤새도록 통곡하였더라

2 이스라엘 자손이 다 모세와 아론을 원망하며 온 회중이 그들에게 이르되 우리가 애굽 땅에서 죽었거나 이 광야에서 죽었으면 좋았을 것을

3 어찌하여 여호와가 우리를 그 땅으로 인도하여 칼에 쓰러지게 하려 하는가 우리 처자가 사로잡히리니 애굽으로 돌아가는 것이 낫지 아니하랴

4 이에 서로 말하되 우리가 한 지휘관을 세우고 애굽으로 돌아가자 하매

5 모세와 아론이 이스라엘 자손의 온 회중 앞에서 엎드린지라

6 그 땅을 정탐한 자 중 눈의 아들 여호수아와 여분네의 아들 갈렙이 자기들의 옷을 찢고

7 이스라엘 자손의 온 회중에게 말하여 이르되 우리가 두루 다니며 정탐한 땅은 심히 아름다운 땅이라

8 여호와께서 우리를 기뻐하시면 우리를 그 땅으로 인도하여 들이시고 그 땅을 우리에게 주시리라 이는 과연 젖과 꿀이 흐르는 땅이니라

9 다만 여호와를 거역하지는 말라 또 그 땅 백성을 두려워하지 말라 그들은 우리의 먹이라 그들의 보호자는 그들에게서 떠났고 여호와는 우리와 함께 하시느니라 그들을 두려워하지 말라 하나

10 온 회중이 그들을 돌로 치려 하는데 그 때에 여호와의 영광이 회막에서 이스라엘 모든 자손에게 나타나시니라

 **생각 열기** 여호수아를 생각할 때 가장 먼저 떠오르는 단어가 무엇입니까?

예화 속으로 미국 스탠다드 석유회사의 한 직원은 출장을 가면 항상 숙박부에 자신의 이름과 함께 '한 통에 4달러, 스탠다드 석유'를 기록했습니다. 동료들은 그런 그를 '한 통에 4달러'라고 부르며 놀렸지만, 그는 자신의 노력이 회사에 도움을 줄 것이라고 생각하면서 그 일을 멈추지 않았습니다.

그러던 어느 날 캘리포니아의 작은 도시로 출장을 간 그는 늦은 밤에 호텔에 도착했습니다. 그는 잠들기 직전에 숙박부에 이름만 쓰고 온 것이 떠올라서 다시 옷을 챙겨 입고 로비로 내려갔습니다. 그는 숙박부를 달라고 한 뒤에 '한 통에 4달러, 스탠다드 석유'라고 적었습니다. 그 때 옆에 있던 한 신사가 "왜 그 문구를 적어 넣습니까?"라고 묻자 그는 "우리 회사를 조금이라도 많은 사람들에게 알리기 위해서입니다."라고 대답했습니다.

이 일이 있은 후 한 달쯤 지났을 때 그는 스탠다드 석유회사 회장님의 특별 초청을 받게 되었습니다. 본사에 간 그는 캘리포니아에서 만났던 그 신사가 바로 록펠러 회장임을 알게 되었습니다. 록펠러 회장은 "나는 당신처럼 회사 일에 열정을 가지고 있는 사원을 옆에 두고 싶소."라고 그에게 말했습니다. 이후에 그는 본사로 발령을 받았고, 그 후에 경영 실세로 부상하게 되었습니다. 이 직원이 바로 록펠러의 뒤를 이어 세계 최대 석유회사 사장이 된 존 아치볼드(John Archbold)입니다. 그가 회사를 위해 충성했을 때 나중에 그 회사의 사장이 되는 영광을 얻게 되었습니다.

모세가 출애굽의 사명을 감당한 강력한 리더였다면 여호수아는 리더인 모세를 잘 돕고 협력한 조력자였습니다. 여호수아가 조력자로서의 사명에 충실했을 때 그는 모세의 후계자가 되어 가나안 정복의 사명을 성취하였습니다. 이 시간에는 여 여호수아의 리더십에 대해서 배워 보겠습니다.

1. 긍정적인 믿음을 가진 리더

모세는 가데스 바네아에서 열두 명의 정탐꾼을 선발하여 40일 동안 가나안 땅을 정탐하게 했습니다. 이들은 가나안 땅을 정탐하고 돌아와서 모세와 백성들 앞에서 정탐 결과를 보고했습니다. 이때 열 명의 정탐꾼은 부정적인 보고를 했지만 여호수아와 갈렙은 긍정적인 보고를 했습니다.

1 여호수아와 갈렙은 (　　　　　　　) 믿음을 가진 리더였습니다

민수기 14:8 • 여호와께서 우리를 기뻐하시면 우리를 그 땅으로 인도하여 들이시고 그 땅을 우리에게 주시리라 이는 과연 젖과 꿀이 흐르는 땅이니라

열 명의 정탐꾼은 의심과 불신의 눈으로 가나안 땅을 보았기 때문에 모든 것을 부정적으로 보았습니다. 그러나 여호수아와 갈렙은 믿음의 눈으로 가나안 땅을 보았기 때문에 모든 것을 긍정적으로 보았습니다. 여호수아와 갈렙은 하나님께서 그 땅을 이스라엘에게 주실 것이라는 믿음이 있었습니다.

2 여호수아는 어떤 상황에서도 흔들리지 않는 (　　　　　　) 이 있었습니다.

여호수아 24:15 • 만일 여호와를 섬기는 것이 너희에게 좋지 않게 보이거든 너희 조상들이 강 저쪽에서 섬기던 신들이든지 또는 너희가 거주하는 땅에 있는 아모리 족속의 신들이든

지 너희가 섬길 자를 오늘 택하라 오직 나와 내 집은 여호와를 섬기겠노라 하니

여호수아는 애굽에서 종살이를 하다가 출애굽하여 사십 년 동안 광야 생활을 했으며, 모세의 후계자가 되어 가나안 땅을 정복했습니다. 오랜 세월이 흐르고 환경과 상황이 수없이 바뀌었지만 그는 항상 하나님을 믿고 의지했습니다. 여호수아는 죽음을 앞두고 세겜에 모인 백성들에게 우상을 숭배하지 말고 하나님을 섬기라고 권면하면서 "오직 나와 내 집은 여호와를 섬기겠노라."고 고백했습니다. 이것이 어떤 상황에서도 흔들리지 않는 여호수아의 믿음입니다.

3 세상은 우리가 쓴 안경의 색깔에 따라 (　　　　　) 보입니다.

검정색 썬그라스를 끼고 세상을 바라보면 세상은 검게 보이고 노란색 썬그라스를 끼고 세상을 바라보면 세상은 노랗게 보입니다. 세상은 원래 검지도 노랗지도 않은데 안경의 색깔에 따라 다르게 보입니다. 어떤 색깔의 안경을 쓰고 세상을 보느냐가 중요한 것처럼 어떤 시각으로 세상을 바라보느냐가 중요합니다.

4 긍정적인 믿음이 (　　　　　)을 일으킵니다.

『긍정의 힘』이라는 책을 쓴 조엘 오스틴(Joel Osteen) 목사는 긍정적인 믿음을 가질 때 기적이 일어난다고 말했습니다. 조용기 목사도 긍정적인 믿음은 '4차원의 영성'에 해당되며 우리가 이 믿음을 소유할 때 세상(3차원)을 변화시킬 수 있다고 말했습니다. 그러므로 긍정적인 믿음을 소유하는 것이 중요합니다.

 나눔을 위한 질문

- 여호수아는 긍정의 사람입니다. 당신은 긍정의 사람과 부정의 사람 중에서 어느 쪽에 해당된다고 생각합니까?

- 당신이 긍정의 사람이 되기 위해서 필요한 것이 무엇이라고 생각합니까?

2. 무대 뒤에 선 리더

많은 사람들이 화려한 무대 위에서 청중들의 박수를 받는 주연이 되고 싶어 합니다. 그러나 조연이 없이는 감동적인 영화와 드라마를 만들 수가 없습니다. 무대가 빛나는 것은 주연을 위해 헌신하는 조연과 엑스트라가 있기 때문입니다. 안개꽃이 아름다운 것은 자신을 드러내지 않고 장미나 다른 화려한 꽃을 돋보이게 해주기 때문입니다. 그러므로 장미꽃의 배경이 되어 주는 안개꽃은 무대 뒤에 선 영웅과 같습니다.

1 여호수아는 모세를 돕는 (   ) 였습니다.

출애굽기 33:11 • 사람이 자기의 친구와 이야기함같이 여호와께서는 모세와 대면하여 말씀하시며 모세는 진으로 돌아오나 눈의 아들 젊은 수종자 여호수아는 회막을 떠나지 아니하니라

여호수아는 젊은 시절부터 모세의 곁에서 모세를 도왔던 사람입니다. 모세가 회막에서 사역을 마치고 진으로 돌아올 때에도 여호수아는 회막을 떠나지 않고 자기 사명을 철저히 수행했습니다. 이런 점에서 여호수아는 훌륭한 조력자입니다.

2 여호수아는 2인자의 역할에 [   ] 했습니다.

출애굽한 이스라엘 백성들이 광야에서 아말렉 족속과 전쟁을 할 때 여호수아는 모세의 명을 받고 전방에 나가서 싸웠습니다. 여호수아는 가데스 바네아에서 열 두 지파를 대표해서 가나안 땅을 정탐했습니다. 모세가 사십 년 동안 이스라엘 리더의 역할을 수행하는 동안 여호수아는 모세를 돕는 2인자의 역할을 잘 감당했습니다.

3 2인자의 과정을 거쳐서 [   ] 의 자리에 오르게 됩니다.

미국의 '포춘'(Fortune)이라는 잡지에서 500대 기업의 총수들을 조사했습니다. 500대 기업의 총수들 가운데 2인자의 과정을 거쳐서 1인자가 된 사람이 과연 얼마나 될까요? 500대 기업의 총수들 중에 86%의 사람이 2인자의 과정을 거쳐서 1인자가 되었다고 합니다. 그러므로 먼저 2인자의 자리를 거치면서 1인자의 자리에 오르게 됩니다.

4 2인자의 역할에 충실할 때 1인자의 [   ] 도 감당할 수 있습니다.

현재 '2인자의 자리'에 있다고 낙심할 필요가 없으며, 맡겨진 일을 소홀히 해서도 안됩니다. 그 일이 비록 작은 일일지라도 맡겨진 일에 최선을 다해야 합니다. 왜냐하면 2인자의 역할을 충실히 수행할 때 1인자의 역할이 주어지며, 이때 1인자의 역할도 잘 감당할 수 있기 때문입니다

 나눔을 위한 질문

- 여호수아는 무대 뒤에 선 리더로 2인자의 역할을 충실히 수행했습니다. 리더와 조력자의 역할, 1인자와 2인자의 역할 중에서 어느 역할이 당신에게 잘 맞는다고 생각합니까?

3. 실천하는 리더

생각을 하고 결심을 해도 실천하지 못하는 사람이 많습니다. 그만큼 실천한다는 것이 어렵습니다. 그런데 여호수아는 어떤 상황에서도 망설이지 않고 즉각 실천했습니다. 이런 모습에서 여호수아가 실천하는 리더임을 발견하게 됩니다.

1 여호수아는 모세의 [　　　　　] 싸웠습니다.

출애굽기 17:10 • 여호수아가 모세의 말대로 행하여 아말렉과 싸우고 모세와 아론과 훌은 산 꼭대기에 올라가서

출애굽한 이스라엘 백성들은 광야에서 아말렉 족속과 전쟁을 했습니다. 이때 모세는 아론과 훌을 데리고 산에 올라가서 기도했고, 여호수아에게는 군사를 이끌고 전방에 가서 아말렉 족속과 싸우라고 지시를 내렸습니다. 이때 여호수아는 모세의 명령대로 즉시 실천했습니다.

2 여호수아는 가나안 정복의 [　　　　　]을 즉시 실천했습니다.

여호수아 1:2 • 내 종 모세가 죽었으니 이제 너는 이 모든 백성과 더불어 일어나 이 요단을 건너 내가 그들 곧 이스라엘 자손에게 주는 그 땅으로 가라

여호수아 1:11 • 진중에 두루 다니며 그 백성에게 명령하여 이르기를 양식을 준비하라 사흘 안에 너희가 이 요단을 건너 너희의 하나님 여호와께서 너희에게 주사 차지하게 하시는 땅을 차지하기 위하여 들어갈 것임이니라 하라

하나님께서 모세에게 출애굽의 사명을 맡겼을 때 모세는 이런저런 핑계를 대면서 불순종했습니다. 그러나 여호수아는 하나님께서 가나안 정복의 사명을 맡겼을 때 즉시 실천했습니다. 여호수아는 백성들에게 "양식을 준비하라 사흘 안에 가나안 땅에 들어가 그 땅을 차지할 것이다."라고 말했습니다.

3 여호수아는 즉시 순종하고 [   ] 하는 리더였습니다.

여호수아 6:6~7 • 눈의 아들 여호수아가 제사장들을 불러 그들에게 이르되 너희는 언약궤를 메고 제사장 일곱은 양각 나팔 일곱을 잡고 여호와의 궤 앞에서 나아가라 하고 또 백성에게 이르되 나아가서 그 성을 돌되 무장한 자들이 여호와의 궤 앞에서 나아갈지니라 하니라

이스라엘이 가나안의 첫 성인 여리고를 공격할 때 하나님께서 이상한 전략을 주셨습니다. 하나님은 모든 백성들이 여리고 성을 매일 한 바퀴씩을 돌고, 일곱째 날에는 일곱 바퀴를 돌라고 명령했습니다. 여호수아는 하나님의 명령에 즉시 순종하고 실천했습니다. 여호수아는 하나님이 명령하신 대로 일곱 명의 제사장과 법궤를 앞세우고, 모든 백성들과 함께 여리고 성을 일주일 동안 돌았고, 그 결과 일곱째 날에 여리고 성이 무너지는 기적이 일어났습니다.

나눔을 위한 질문

● 여호수아는 실천하는 리더였습니다. 당신은 과연 실천하는 리더입니까? 당신이 실천을 잘하는 이유와 실천을 못하는 이유가 무엇입니까?

맥스웰의 15가지 성장 법칙을 리더에게 적용하기
확장의 법칙과 여호수아의 성장

전문가들에 따르면 대부분의 사람은 잠재력의 10%만 쓴다고 합니다. 만약 이 말이 사실이라면 평범한 사람도 발전할 가능성이 어마어마하게 많다는 뜻입니다. 그러면 어떻게 해야 나머지 90%의 잠재력을 쓸 수 있을까요? 그 답은 생각과 행동을 바꾸는 데 있습니다. 성장하려면 '하나의 문'에만 미래를 걸어서는 안됩니다. 만약에 그 문이 열리지 않는다면 당신은 어떻게 하겠습니까? 그러므로 가능성의 영역을 넓게 보고 모든 질문에 여러 가지 답을 찾아봐야 합니다.

여러분에게 주어진 가장 큰 과제는 정신을 확장하는 것입니다. 그것은 넓은 미개척지로 들어가는 것과 같습니다. 여러분은 당당하게 미지의 땅에 발을 들여놓고 지금껏 본 적 없는 것에 맞서 의심과 두려움을 극복해야 합니다.

제너럴 일렉트릭(GE)의 최고 경영자였던 잭 웰치(Jack Welch)는 군계일학(群鷄一鶴)이 되라고 했습니다. 두각을 나타내고 경력을 쌓으려면 더 많은 일을 하고 더 큰 사람이 되어야 합니다. 평균 이상으로 우뚝 솟아야 합니다. 이를 위해서는 어떻게 해야 할까요? 자신에게 다른 사람들이 기대하는 것보다 더 많은 것을 요구해야 합니다. 자신을 다른 사람들이 믿는 것보다 더 굳게 믿어야 합니다. 다른 사람들이 해야 한다고 생각하는 것보다 더 많은 일을 해야 합니다.

권투 선수 잭 존슨(Jack Johnson)은 다음과 같은 명언을 남겼습니다. "자신의 의무와 타인의 기대보다 '더 많은' 일을 하는 것이 바로 탁월함입니다. 탁월

함이란 모든 일에 온갖 방법을 동원해 젖 먹던 힘까지 다 쓰는 것입니다."

평생 배우는 사람들은 열린 자세로 성장을 받아들입니다. 그 덕분에 그들의 인생, 영향력, 잠재력은 계속해서 발전하게 됩니다. 언젠가 젊은 리포터가 아흔 다섯 살의 파블로 카살스(Pablo Casals)에게 물었습니다. "카살스 씨는 현재 역대 최고의 첼리스트라는 칭송을 받고 있습니다. 그런데 왜 아흔 다섯 살의 나이에도 하루에 여섯 시간씩 연습을 하십니까?" 카살스의 대답이 인상적입니다. "그러면 계속해서 발전하니까요."

우리가 성장에 대한 올바른 자세를 가지고 최선을 다한다면 우리는 죽는 그 날까지 발전할 수 있습니다.

확장의 법칙 적용하기

법칙 1
확장의 법칙을 읽고 당신이 깨달은 것을 나누어 보세요.

법칙 2
여호수아는 사십 년 동안 광야에서 모세를 섬겼습니다. 그리고 모세의 후계자가 되어 가나안 땅을 정복했습니다. 확장의 법칙에 근거하여 여호수아가 리더로 성장하는 데 영향을 준 것이 무엇인지를 나누어 보세요.

적용과 기도

여호수아는 긍정적인 믿음을 가진 리더, 2인자의 역할을 충실히 수행하는 무대 뒤에 선 리더, 실천하는 리더였습니다. 이 시간에 여호수아의 리더십을 공부하면서 당신이 배운 것과 깨달은 것이 무엇인지를 나누어 보세요.

여호수아와 같은 리더가 되기 위해서 당신이 결심한 것이 무엇인지를 나누어 보세요.

여호수아와 같은 리더가 되기 위해서 함께 기도합시다.

05. 사무엘

기도하는 리더

05. 사무엘 : 기도하는 리더

사무엘상 3:1~11

1 아이 사무엘이 엘리 앞에서 여호와를 섬길 때에는 여호와의 말씀이 희귀하여 이상이 흔히 보이지 않았더라

2 엘리의 눈이 점점 어두워 가서 잘 보지 못하는 그 때에 그가 자기 처소에 누웠고

3 하나님의 등불은 아직 꺼지지 아니하였으며 사무엘은 하나님의 궤 있는 여호와의 전 안에 누웠더니

4 여호와께서 사무엘을 부르시는지라 그가 대답하되 내가 여기 있나이다 하고

5 엘리에게로 달려가서 이르되 당신이 나를 부르셨기로 내가 여기 있나이다 하니 그가 이르되 나는 부르지 아니하였으니 다시 누우라 하는지라 그가 가서 누웠더니

6 여호와께서 다시 사무엘을 부르시는지라 사무엘이 일어나 엘리에게로 가서 이르되 당신이 나를 부르셨기로 내가 여기 있나이다 하니 그가 대답하되 내 아들아 내가 부르지 아니하였으니 다시 누우라 하니라

7 사무엘이 아직 여호와를 알지 못하고 여호와의 말씀도 아직 그에게 나타나지 아니한 때라

8 여호와께서 세 번째 사무엘을 부르시는지라 그가 일어나 엘리에게로 가서 이르되 당신이 나를 부르셨기로 내가 여기 있나이다 하니 엘리가 여호와께서 이 아이를 부르신 줄을 깨닫고

9 엘리가 사무엘에게 이르되 가서 누웠다가 그가 너를 부르시거든 네가 말하기를 여호와여 말씀하옵소서 주의 종이 듣겠나이다 하라 하니 이에 사무엘이 가서 자기 처소에 누우니라

10 여호와께서 임하여 서서 전과 같이 사무엘아 사무엘아 부르시는지라 사무엘이 이르되 말씀하옵소서 주의 종이 듣겠나이다 하니

11 여호와께서 사무엘에게 이르시되 보라 내가 이스라엘 중에 한 일을 행하리니 그것을 듣는 자마다 두 귀가 울리리라

 사무엘을 생각할 때 가장 먼저 떠오르는 단어가 무엇입니까?

예화 속으로　짐 애벗(Jim Abbott)은 태어날 때부터 오른 손목이 없었지만 그는 야구를 무척 좋아했습니다. 오른 손목이 없는 장애인이 야구 선수가 된다는 것은 결코 쉬운 일이 아닙니다. 하지만 그는 야구 선수가 되는 일에 희망을 두고 최선을 다해 야구를 했습니다. 다행히도 그는 점점 좋은 선수로 성장했습니다. 그의 고등학교 팀이 전국 야구선수권 대회에서 우승을 차지했습니다. 그는 1988년 서울 올림픽에서 미국의 투수로 활약하여 금메달을 받았습니다. 그는 메이저 리그에 10년 동안 출전하면서 눈부신 활약을 했습니다.

짐 애벗은 1999년에 야구계에서 은퇴를 했습니다. 그는 1,674이닝 동안 공을 던졌고, 888명의 타자들을 삼진 아웃시켰고, 87승을 거두었습니다. 그는 누구도 가능하다고 생각하지 않았던 놀라운 꿈을 실현시켰습니다. 그는 자신의 야구 인생을 다음과 같이 요약했습니다. "야구가 내게 준 가장 큰 선물은 아마도 남과 다르다는 부담감을 극복하고 마음의 평화를 찾을 수 있도록 도와준 것입니다."

짐 애벗이 오른 손목이 없는 장애인임에도 불구하고 야구 역사에서 이렇게 기적 같은 일을 성취할 수 있었던 힘은 '희망'입니다. 그러므로 어떤 상황 속에서도 희망을 품어야 합니다.

한나는 아기를 낳지 못하는 상황 속에서 희망을 품고 기도했습니다. 한나는 실로에 있는 제단에 올라가서 하나님께 통곡하면서 "주의 여종에게 아들을 주시면 내가 그를 하나님께 드리겠나이다."라고 서원 기도를 했습니다. 이렇게 해서 낳은 아들이 사무엘입니다. 사무엘은 나중에 제사장과 사사로서의 중요한 역할을 감당하게 되었습니다. 이 시간에는 사무엘의 리더십에 대해서 배워 보겠습니다.

1. 하나님의 음성을 듣는 리더

한나의 서원 기도를 통해 기적적으로 태어난 사무엘은 어린 시절부터 성전에서 성장했습니다. 어느 날 사무엘은 성전에서 하나님의 음성을 듣게 되었고, 이후에 그는 기도의 사람으로 성장했습니다.

1 사무엘이 어렸을 때는 하나님의 말씀이 ( ) 했습니다.

사무엘상 3:1 • 아이 사무엘이 엘리 앞에서 여호와를 섬길 때에는 여호와의 말씀이 희귀하여 이상이 흔히 보이지 않았더라

사무엘이 어렸을 때는 하나님께서 거의 말씀을 하지 않던 암흑의 시대였습니다. 이때 실로에 있던 엘리 제사장조차도 하나님의 말씀을 듣지 못했습니다.

2 사무엘은 처음에 하나님의 [   ]을 분별하지 못했습니다.

사무엘상 3:7 • 사무엘이 아직 여호와를 알지 못하고 여호와의 말씀도 아직 그에게 나타나지 아니한 때라

어느 날 사무엘이 하나님의 법궤가 있는 성전에서 잠을 자려고 누웠는데 하나님께서 사무엘을 부르셨습니다. 이때 사무엘의 나이가 12살쯤 되었습니다. 하나님께서 사무엘을 부르실 때 사무엘은 즉시 엘리 제사장에게로 달려갔습니다. 사무엘은 한 번도 하나님의 음성을 들어본 적이 없기 때문에 하나님의 음성과 엘리 제사장의 음성을 분별하지 못했습니다

3 엘리는 사무엘에게 하나님의 음성을 듣는 [   ]을 가르쳐 주었습니다.

사무엘상 3:9 • 엘리가 사무엘에게 이르되 가서 누웠다가 그가 너를 부르시거든 네가 말하기를 여호와여 말씀하옵소서 주의 종이 듣겠나이다 하라 하니 이에 사무엘이 가서 자기 처소에 누우니라

엘리 제사장은 자기가 부르지 않았음에도 불구하고 세 번씩이나 달려오는 사무엘을 보면서 '하나님께서 사무엘을 부르신다'는 것을 깨달았습니다. 엘리 제사장은 너를 부르는 소리가 다시 들려오면 내게로 오지 말고 "여호와여 말씀하옵소서 주의 종이 듣겠나이다."라고 대답하라고 사무엘에게 가르쳐 주었습니다.

4 사무엘은 하나님의 음성을 [   ] 리더입니다.

사무엘상 3:11 • 여호와께서 사무엘에게 이르시되 보라 내가 이스라엘 중에 한 일을 행하리니 그것을 듣는 자마다 두 귀가 울리리라

사무엘이 네 번째로 하나님의 음성을 들었을 때 그는 엘리 제사장이 가르쳐 준 대로 "여호와여 말씀하옵소서. 주의 종이 듣겠나이다."라고 대답을 했습니다. 그랬더니 하나님께서 사무엘에게 앞으로 행하실 일들을 말씀해 주셨습니다.

5 말씀을 들을 [   ] 가 되었을 때 하나님께서 말씀하십니다.

사무엘상 3:9 • 엘리가 사무엘에게 이르되 가서 누웠다가 그가 너를 부르시거든 네가 말하기를 여호와여 말씀하옵소서 주의 종이 듣겠나이다 하라 하니 이에 사무엘이 가서 자기 처소에 누우니라

사무엘이 "여호와여 말씀하옵소서. 주의 종이 듣겠나이다."라고 대답하자 그때 하나님께서 그에게 말씀해 주셨습니다. 하나님의 음성을 듣기 위해서는 말씀을 들을 준비가 필요합니다. 말씀을 들을 마음의 준비가 되었을 때 하나님의 음성을 들을 수 있습니다.

6 하나님은 여러 가지 [   ] 으로 말씀하십니다.

하나님의 음성을 듣기 위해서는 하나님께서 어떻게 말씀하시는지를 알아야 합니다. 하나님은 성경을 통해, 기도를 통해, 교회와 설교자를 통해, 주변 사람이나 환경을 통해 말씀하시므로 우리는 항상 하나님의 음성에 귀를 기울여야 합니다.

 **나눔을 위한 질문**

- 사무엘은 하나님의 음성을 듣는 리더였습니다. 당신은 지금 어떤 방법으로 하나님의 음성을 듣고 있습니까? (성경, 기도, 교회, 설교, 주변 사람, 환경 등)

- 당신이 들은 하나님의 음성 중에서 가장 기억에 남는 것이 무엇입니까?

2. 기도하는 리더

"기도하는 부모 밑에서 기도하는 자녀가 나온다."는 말이 있습니다. 사무엘이 기도하는 리더가 될 수 있었던 것은 그의 어머니 한나의 영향이 큽니다. 한나는 기도로 사무엘을 낳았고, 사무엘은 어렸을 때부터 성전에서 기도의 사람으로 성장했습니다.

1 한나는 서원 기도로 〔   〕을 낳았습니다.

사무엘 1:11 • 서원하여 이르되 만군의 여호와여 만일 주의 여종의 고통을 돌보시고 나를 기억하사 주의 여종을 잊지 아니하시고 주의 여종에게 아들을 주시면 내가 그의 평생에 그를 여호와께 드리고 삭도를 그의 머리에 대지 아니하겠나이다

한나는 결혼한 지 오랜 시간이 지났지만 아기를 낳지 못했습니다. 하지만 한나는 아기 낳는 것을 포기하지 않았습니다. 어느 날 한나는 "하나님께서 아들을 주신다면 그 아들을 하나님께 바치겠다."고 서원 기도를 했습니다. 하나님께서 한나의 기도를 들으시고 그에게 사무엘을 주셨습니다.

2 사무엘은 성전에서 기도의 사람으로 [   ] 했습니다.

사무엘상 2:18 • 사무엘은 어렸을 때에 세마포 에봇을 입고 여호와 앞에서 섬겼더라

한나는 사무엘을 낳아서 키우다가 사무엘이 3~4세쯤 되어 젖을 뗄 무렵이 되었을 때 그가 서원한 대로 사무엘을 성전에 바쳤습니다. 따라서 사무엘은 어린 시절부터 실로에 있는 성전에서 생활하면서 기도의 사람으로 성장했습니다.

3 사무엘은 기도에 최우선권을 두는 [   ]의 리더입니다.

사무엘상 12:23 • 나는 너희를 위하여 기도하기를 쉬는 죄를 여호와 앞에 결단코 범하지 아니하고 선하고 의로운 길을 너희에게 가르칠 것인즉

사무엘은 이스라엘 백성들 앞에서 "나는 너희를 위하여 기도하기를 쉬는 죄를 여호와 앞에서 결단코 범하지 않겠다."고 다짐했습니다. 이와같이 사무엘은 기도를 쉬는 것은 죄를 범하는 것이라는 생각으로 기도에 최선을 다했습니다.

4 사무엘이 기도할 때 하나님께서 [   ] 해 주셨습니다.

사무엘상 7:10 • 사무엘이 번제를 드릴 때에 블레셋 사람이 이스라엘과 싸우려고 가까이 오매 그 날에 여호와께서 블레셋 사람에게 큰 우레를 발하여 그들을 어지럽게 하시니 그들이 이스라엘 앞에 패한지라

이스라엘 백성들이 미스바에 모여서 회개하며 제사를 드릴 때 블레셋 사람들이 쳐들어왔습니다. 이때 백성들은 "하나님께 기도하여 우리를 구원해 달라."고 사무엘에게 기도를 부탁했습니다. 사무엘이 하나님께 제물을 드리면서 이스라엘을 위하여 부르짖어 기도할 때 하나님께서 큰 우레를 치게 하여 블레셋 사람들을 어지럽게 만들었습니다. 그 결과 이스라엘이 블레셋을 물리치고 승리를 거두었습니다.

- 당신의 기도에 가장 많은 영향을 준 사람은 누구입니까?

- 당신은 주로 언제 어디에서 기도를 하고 있습니까?

3. 하나님의 말씀을 청종하는 리더

사사 시대가 끝나갈 무렵에 이스라엘 백성들은 사무엘에게 왕을 세워달라고 떼를 썼습니다. 사무엘이 하나님께 기도할 때 하나님께서 '사무엘에게 왕을 세우라'고 말씀해 주셨습니다. 사무엘은 하나님의 명령대로 사울을 이스라엘 왕으로 세웠습니다. 이런 모습에서 우리는 사무엘이 하나님의 말씀을 청종하는 리더임을 알게 됩니다.

1 교만해지면 하나님의 말씀을 〔　　　　　　　〕 하지 않게 됩니다.

> **사무엘상 15:11** • 내가 사울을 왕으로 세운 것을 후회하노니 그가 돌이켜서 나를 따르지 아니하며 내 명령을 행하지 아니하였음이니라 하신지라 사무엘이 근심하여 온 밤을 여호와께 부르짖으니라

사울 왕은 처음에는 아주 순수하고 순종적인 사람이었습니다. 그런데 그는 시간이 지나면서 점점 교만해졌고 하나님의 말씀을 청종하지도 않았습니다. 이스라엘이 아말렉과 전쟁할 때 하나님은 아말렉을 쳐서 멸하되 모든 소유를 남기지 말고 다 죽이라고 명령하셨으나 사울 왕은 하나님의 명령에 순종하지 않았습니다.

2 좋은 리더가 되려면 하나님의 말씀을 〔　　　　　　　〕 해야 합니다.

> **사무엘상 15:22** • 사무엘이 이르되 여호와께서 번제와 다른 제사를 그의 목소리를 청종하는 것을 좋아하심 같이 좋아하시겠나이까 순종이 제사보다 낫고 듣는 것이 숫양의 기름보다 나으니

사무엘은 "하나님께 제물로 드리기 위해서 가장 좋은 소와 양들을 남겨두었다."고 거짓말하는 사울 왕에게 "순종이 제사보다 낫다."는 말로 그를 책망했습니다. 사무엘은 사울 왕에게 "하나님은 하나님의 목소리를 청종하는 것을 좋아하신다."고 가르쳐 주었습니다. 좋은 리더가 되려면 하나님의 말씀을 청종해야 합니다.

3 하나님의 말씀을 청종하는 사람이 하나님을 [   ] 할 수 있습니다.

사무엘상 15:11 • 내가 사울을 왕으로 세운 것을 후회하노니 그가 돌이켜서 나를 따르지 아니하며 내 명령을 행하지 아니하였음이니라 하신지라 사무엘이 근심하여 온 밤을 여호와께 부르짖으니라

시간이 지날수록 점점 성장하는 사람이 있는 반면에 점점 퇴보하는 사람이 있습니다. 사울 왕은 후자에 해당하는 사람으로 하나님은 점점 영적으로 퇴보하는 사울 왕을 보면서 "내가 사울 왕을 세운 것을 후회한다."고 말씀하셨습니다. 반면에 사무엘은 어려서부터 죽음에 이르는 순간까지 하나님의 말씀을 청종함으로 하나님을 기쁘시게 해드렸습니다.

 나눔을 위한 질문

- 사무엘이 점점 성장하는 사람이라면 사울은 점점 퇴보하는 사람이었습니다. 당신은 영적으로 성장하는 사람입니까? 아니면 퇴보하는 사람입니까?

- 당신은 지금 영적 성장을 위해 어떤 노력을 하고 있습니까?
  (예배, 말씀, 기도, 순종, 봉사 등)

맥스웰의 15가지 성장 법칙을 리더에게 적용하기
거울의 법칙과 사무엘의 성장

조네타 맥스웨인이란 여성은 자신의 가치와 잠재력을 모른채 30년을 살았습니다. 그녀는 미혼모에게서 태어났고 태어나자마자 언니와 함께 할머니 집에 맡겨져 사촌과 5~6년을 같이 살았습니다. 안타깝게도 세 아이 모두는 함께 살던 삼촌들에게 정신적, 신체적, 성적으로 학대를 당했습니다.

조네타는 거리를 전전하다가 고등학교를 중퇴했습니다. 그리고 열아홉 살 때 미혼모로 첫 아이를 낳았고 20대 중반에 둘째 아이를 낳았습니다. 그녀는 정부에서 지원하는 저소득층 아파트에 살면서 정부 보조금과 애인들이 건네주는 돈으로 살았습니다.

조네타가 서른 살이 되는 생일날, 그녀는 거울에 비친 자신의 모습이 영 마음에 들지 않았습니다. 그녀는 자기 인생이 만족스럽지 않았고 계속 이대로 살아간다면 두 아들도 곤경에 처할 것이라는 생각이 들었습니다. 따라서 그녀는 공부하기로 결심하고 고등학교 검정고시를 준비하여 합격했습니다. 그녀는 이왕 변화하려면 가족들이 한 번도 해본 적이 없는 일에 도전하고 싶었습니다. 그것은 바로 대학에 들어가는 일이었습니다. 그녀는 33세의 나이에 케네소 주립대학에 입학했고, 얼마 후에는 우수한 학생들과 똑같이 공부하고 똑같이 생각하게 되었고 미래에 대한 비전을 갖게 되었습니다. 그녀는 3년 만에 학사 과정을 마쳤고 대학원에 진학하여 사회 복지 석사학위를 받았습니다. 지금은 박사 과정을 밟고 있습니다.

조네타의 이야기는 사람이 자신의 가치를 깨닫고 그것을 높이기 시작하면

인생이 어떻게 달라지는지를 보여주는 이야기입니다. 그러므로 잠재력을 발휘하고 싶다면 스스로 자신의 가치를 들여다 볼 수 있어야 합니다. 이것이 거울의 법칙입니다. 지금 힘든 시기를 보내면서 자신에게 불만이 많은 사람이 있다면 다음의 말에 귀를 기울여보시기 바랍니다.

"당신은 가치 있는 사람입니다. 당신은 소중한 사람입니다. 출신과 배경이 어떻든 당신은 인생을 바꾸고 변화를 일으킬 수 있습니다. 어떤 트라우마를 겪고 어떤 잘못을 저질렀어도 당신은 배우고 성장할 수 있습니다. 믿음을 잃지 말고 꿋꿋하게 전진하십시오."

거울의 법칙 적용하기

법칙 1

거울의 법칙을 읽고 당신이 깨달은 것을 나누어 보세요.

법칙 2

사무엘은 한나의 서원 기도로 세상에 태어났고 어렸을 때부터 성전에서 성장한 기도의 사람입니다. 그는 사울 왕과 다윗 왕을 기름 부어 세웁니다. 거울의 법칙에 근거하여 사무엘이 리더로 성장하는 데 영향을 준 것이 무엇인지를 나누어 보세요.

적용과 기도

사무엘은 하나님의 음성을 듣는 리더, 기도하는 리더, 하나님의 말씀을 청종하는 리더였습니다. 이 시간에 사무엘의 리더십을 공부하면서 당신이 배운 것과 깨달은 것이 무엇인지를 나누어 보세요.

사무엘과 같은 리더가 되기 위해서 당신이 결심한 것이 무엇인지를 나누어 보세요.

사무엘과 같은 리더가 되기 위해서 함께 기도합시다.

06. 다윗

용기 있는 리더

06. 다윗 : 용기 있는 리더

사무엘상 17:41~51

41 블레셋 사람이 방패 든 사람을 앞세우고 다윗에게로 점점 가까이 나아가니라

42 그 블레셋 사람이 둘러보다가 다윗을 보고 업신여기니 이는 그가 젊고 붉고 용모가 아름다움이라

43 블레셋 사람이 다윗에게 이르되 네가 나를 개로 여기고 막대기를 가지고 내게 나아왔느냐 하고 그의 신들의 이름으로 다윗을 저주하고

44 그 블레셋 사람이 또 다윗에게 이르되 내게로 오라 내가 네 살을 공중의 새들과 들짐승들에게 주리라 하는지라

45 다윗이 블레셋 사람에게 이르되 너는 칼과 창과 단창으로 내게 나아 오거니와 나는 만군의 여호와의 이름 곧 네가 모욕하는 이스라엘 군대의 하나님의 이름으로 네게 나아가노라

46 오늘 여호와께서 너를 내 손에 넘기시리니 내가 너를 쳐서 네 목을 베고 블레셋 군대의 시체를 오늘 공중의 새와 땅의 들짐승에게 주어 온 땅으로 이스라엘에 하나님이 계신 줄 알게 하겠고

47 또 여호와의 구원하심이 칼과 창에 있지 아니함을 이 무리에게 알게 하리라 전쟁은 여호와께 속한 것인즉 그가 너희를 우리 손에 넘기시리라

48 블레셋 사람이 일어나 다윗에게로 마주 가까이 올 때에 다윗이 블레셋 사람을 향하여 빨리 달리며

49 손을 주머니에 넣어 돌을 가지고 물매로 던져 블레셋 사람의 이마를 치매 돌이 그의 이마에 박히니 땅에 엎드러지니라

50 다윗이 이같이 물매와 돌로 블레셋 사람을 이기고 그를 쳐죽였으나 자기 손에는 칼이 없었더라

> 5| 다윗이 달려가서 블레셋 사람을 밟고 그의 칼을 그 칼 집에서 빼내어 그 칼로 그를 죽이고 그의 머리를 베니 블레셋 사람들이 자기 용사의 죽음을 보고 도망하는지라

 다윗을 생각할 때 가장 먼저 떠오르는 단어가 무엇입니까?

예화 속으로 루스벨트(Franklin Roosevelt)는 정신적·육체적으로 가장 강건한 리더 중의 한 사람입니다. 그는 미국 맨해튼의 부유한 가정에서 태어났으며, 어렸을 때 허약하고 자주 아팠습니다. 그는 천식이 있었고 시력이 나빴고 몸도 많이 마른 편이어서 부모님은 그가 제대로 성장할 수 있을지 많이 염려했습니다.

루스벨트가 12살이 되었을 때 아버지로부터 "너는 정신은 강하나 육체가 너무 약하다. 그러므로 너는 몸을 단련해야 한다."는 말을 듣고 그때부터 자신의 몸을 단련하는 일을 시도했습니다. 그는 몸무게를 늘리고 하이킹, 스케이트, 보트 레이스, 말타기, 복싱 등을 했습니다. 결국 그가 하버드 대학을 졸업할 즈음에 아주 강건한 사람이 되었습니다.

그는 뉴욕시 경찰청장에서부터 미국 대통령에 이르기까지 다양한 직책에서 일을 했는데, 그때마다 그는 계속적으로 배우면서 성장했습니다. 루스벨트는 결국 자신을 향상시켜서 미국의 대통령이라는 강력한 리더가 되었습니다. 리더는 하루아침에 되는 것이 아니라 오랜 시간 동안 인내를 통해 이루어지는 것입니다.

다윗은 이새의 아들로 양을 치는 목동에 불과했지만 계속해서 자기를 향상시킴으로 나중에 이스라엘의 왕이 되었습니다. 이 시간에는 다윗의 리더십에 대해서 배워 보겠습니다.

1. 용기 있는 리더

사울 왕이 통치하던 시대에 이스라엘과 블레셋이 전쟁을 했습니다. 이때 블레셋 진영에서 싸움을 돋우는 자가 나왔는데, 그의 이름은 골리앗이었습니다. 골리앗은 어려서부터 타고난 용사로 이스라엘 장수 중에 어느 누구도 그와 싸우려는 장수가 없었습니다. 그런데 이때 다윗이 골리앗과 싸우기로 결심했습니다. 이런 점에서 다윗은 용기 있는 리더입니다.

1 골리앗은 타고난 블레셋의 (   )입니다.

> **사무엘상 17:4~5** • 블레셋 사람들의 진영에서 싸움을 돋우는 자가 왔는데 그의 이름은 골리앗이요 가드 사람이라 그의 키는 여섯 규빗 한 뼘이요 머리에는 놋 투구를 썼고 몸에는 비늘 갑옷을 입었으니 그 갑옷의 무게가 놋 오천 세겔이며

골리앗은 힘이 센 블레셋 장수로 키가 여섯 규빗 한 뼘으로 이를 수치로 환산하면 290cm가 됩니다. 골리앗은 머리에는 놋 투구를 썼고 몸에는 비늘 갑옷을 입었는데 그 갑옷의 무게가 놋 오천 세겔로 이를 무게로 환산하면 57kg이 됩니다. 그는 다리에는 놋 각반을 찼고 어깨 사이에는 놋 단창을 메었는데 창자루는 베틀 채 같고 창날은 철 육백 세겔로 이를 무게로 환산하면 7kg이 됩니다. 이로써 골리앗이 특별한 장수임을 알 수 있습니다.

2 이스라엘 장수들은 골리앗의 (   )에 기가 죽었습니다.

사무엘상 17:11 • 사울과 온 이스라엘이 블레셋 사람의 이 말을 듣고 놀라 크게 두려워하니라

골리앗은 이스라엘 진영을 향해 "나와 싸워서 내가 이기면 이스라엘은 나의 종이 되고, 내가 지면 우리가 너희의 종이 되겠다."라고 말하면서 누구든지 나를 이길 자가 있으면 나와 보라고 고함을 쳤습니다. 그런데 이스라엘 진영에서는 골리앗과 싸우려는 장수가 아무도 없었습니다. 왜냐하면 사울과 모든 이스라엘 군사들은 골리앗의 외적인 모습에 기가 죽었기 때문입니다.

3 다윗은 (   ) 있는 리더입니다.

사무엘상 17:32 • 다윗이 사울에게 말하되 그로 말미암아 사람이 낙담하지 말 것이라 주의 종이 가서 저 블레셋 사람과 싸우리이다 하니

다윗은 당시 이스라엘의 장수가 아니라 양을 치는 목동이었습니다. 그는 아버지의 심부름으로 전쟁터에 나간 세 명의 형들을 찾아갔다가 골리앗을 보게 되었습니다. 그때 그는 용기를 내어 골리앗과 싸우기로 결심했습니다.

4 다윗은 하나님의 (   )이 승리의 비결임을 믿었습니다.

사무엘상 17:45 • 다윗이 블레셋 사람에게 이르되 너는 칼과 창과 단창으로 내게 나아 오거니와 나는 만군의 여호와의 이름 곧 네가 모욕하는 이스라엘 군대의 하나님의 이름으로 네게 나아가노라

이스라엘의 장수들은 골리앗의 큰 키와 그의 긴 칼과 창 앞에서 기가 죽었고 두려움에 사로잡혔습니다. 그러나 다윗은 골리앗이 아무리 키가 크고 그의 무기가 대단할지라도 그가 전혀 두렵지 않았습니다. 왜냐하면 다윗에게는 "너는 칼과 창과 단창으로 내게 오지만 나는 만군의 하나님의 이름으로 나아가니까 너를 이길 수 있다."는 믿음이 있었기 때문입니다.

- 다윗은 블레셋의 장수인 골리앗과 싸우기로 결심할 정도로 용기 있는 리더였습니다. 당신이 가장 큰 용기를 발휘했던 때가 언제입니까?

2. 회개하는 리더

부부 사이에도 서로의 잘못을 인정하는 것이 어려운데, 배우자가 아닌 다른 사람에게 사과를 하는 것은 더욱 어려울 것입니다. 지위가 올라갈수록 자기의 잘못을 인정하는 것은 훨씬 힘들 것입니다. 하지만 자기의 잘못을 인정하고 회개하는 사람이 좋은 리더가 될 수 있습니다.

1 회개할 때 [   ]를 받을 수 있습니다. .

요한일서 1:9 • 만일 우리가 우리 죄를 자백하면 그는 미쁘시고 의로우사 우리 죄를 사하시며 우리를 모든 불의에서 깨끗하게 하실 것이요

『5가지 사과의 언어』(게리 채프먼 & 제니퍼 토머스 지음)라는 책에 5가지 사과의 언어가 나옵니다. 첫째는 "미안해!", 둘째는 "내가 잘못했어!", 셋째는 "내가 어떻게 하면 좋을까?", 넷째는 "다시는 안 그럴게!", 다섯째는 "날 용서해 줄래?"입니다. 그러므로 상대방의 '사과 언어'를 알 때 화해를 잘 할 수 있습니다.

하나님께서 원하시는 사과의 언어는 "잘못했습니다. 용서해 주세요."입니다. 우리가 우리 죄를 회개할 때 하나님께서 용서해 주실 것입니다.

2 다윗은 자기의 [   ]를 숨겼습니다.

사무엘하 11:14~15 • 아침이 되매 다윗이 편지를 써서 우리아의 손에 들려 요압에게 보내니 그 편지에 써서 이르기를 너희가 우리아를 맹렬한 싸움에 앞세워 두고 너희는 뒤로 물러가서 그로 맞아 죽게 하라 하였더라

다윗은 밧세바라는 여인을 취하기 위해 야비한 음모를 꾸몄고, 그녀의 남편 우리아를 최전방에 내보냄으로 죽게 만들었습니다. 다윗은 이러한 일을 은밀하게 진행했기 때문에 아무도 모를 줄로 생각했습니다.

3 다윗은 죄를 인정하고 〔   〕할 줄 아는 리더입니다.

사무엘하 12:13 • 다윗이 나단에게 이르되 내가 여호와께 죄를 범하였노라 하매 나단이 다윗에게 말하되 여호와께서도 당신의 죄를 사하셨나니 당신이 죽지 아니하려니와

어느 날 하나님께서 나단 선지자를 다윗에게 보내어 그의 죄를 지적하게 했습니다. 다윗은 자신의 죄가 드러났을 때 즉시 "내가 여호와께 죄를 범하였노라."라고 인정하면서 죄를 회개했습니다. 이런 모습에서 다윗이 회개하는 리더임을 알 수 있습니다.

4 아담과 하와는 죄를 인정하지 않고 〔   〕을 전가했습니다.

창세기 3:12 • 아담이 이르되 하나님이 주셔서 나와 함께 있게 하신 여자 그가 그 나무 열매를 내게 주므로 내가 먹었나이다

아담과 하와는 하나님의 명령을 어기고 에덴동산 중앙에 있는 선악과를 따먹었습니다. 아담과 하와가 죄책감에 빠져 낙심하고 있을 때 하나님께서 그들의 죄를 지적하셨습니다. 이때 그들은 죄를 인정하지도 회개하지도 않았습니다. 오히려 그들은 궁색한 변명을 하면서 책임을 전가했습니다. 그 결과 그들은 에덴동산에서 추방되었습니다.

 **나눔을 위한 질문**

- 5가지 사과의 언어는 첫째는 "미안해!", 둘째는 "내가 잘못했어!", 셋째는 "내가 어떻게 하면 좋을까?", 넷째는 "다시는 안 그럴게!", 다섯째는 "날 용서해 줄래?"입니다. 이 중에서 당신의 사과의 언어는 무엇입니까?

- 당신은 배우자나 친한 친구에게 잘못을 했을 때 사과를 잘 하는 편입니까? 아니면 못하는 편입니까? 당신이 사과를 잘하거나 못하는 이유가 무엇이라고 생각합니까?

3. 인정받는 리더

리더는 사람들로부터 인정을 받아야 합니다. 그래야 리더의 권위가 세워지고 강한 리더십을 발휘하게 됩니다. 그 누구보다도 하나님께 인정받는 리더가 좋은 리더입니다.

1 다윗의 인기가 높아질수록 사울은 다윗을 시기하고 (　　　　　) 했습니다.

> **사무엘상 18:8** • 사울이 그 말에 불쾌하여 심히 노하여 이르되 다윗에게는 만만을 돌리고 내게는 천천만 돌리니 그가 더 얻을 것이 나라 말고 무엇이냐 하고

골리앗을 물리친 후에 다윗의 인기가 점점 높아졌습니다. 백성들은 "사울은 천천이요, 다윗은 만만이다."라고 외치면서 다윗의 이름을 높였습니다. 다윗의 인기가 높아짐에 따라 사울 왕은 점점 더 다윗을 시기하고 질투했으며 심지어 다윗을 죽이려고까지 했습니다.

2 다윗은 자기를 죽이려고 하는 사울 왕을 [　　　　　] 않았습니다.

사무엘상 26:11 • 내가 손을 들어 여호와의 기름 부음 받은 자를 치는 것을 여호와께서 금하시나니 너는 그의 머리 곁에 있는 창과 물병만 가지고 가자 하고

다윗은 사울 왕을 죽일 수 있는 두 번의 기회가 있었습니다. 그러나 다윗은 하나님이 기름 부어 세운 사울 왕을 해치지 않았습니다. 이런 모습이 다윗을 더욱 빛나는 리더로 만들어 주었습니다.

3 다윗은 [　　　　　]께 인정을 받은 리더입니다.

사도행전 13:22 • 폐하시고 다윗을 왕으로 세우시고 증언하여 이르시되 내가 이새의 아들 다윗을 만나니 내 마음에 맞는 사람이라 내 뜻을 다 이루리라 하시더니

사도 바울이 1차 전도 여행 중에 비시디아 안디옥에서 전도를 했습니다. 바울은 출애굽에서부터 예수 그리스도에 이르기까지 역사를 소개했는데, 이때 바울은 다윗을 하나님의 마음에 맞는 사람으로 소개했습니다.

4 다윗은 하나님께 [　　　　　]을 받은 리더입니다.

열왕기상 9:4 • 네가 만일 네 아버지 다윗이 행함 같이 마음을 온전히 하고 바르게 하여 내 앞에서 행하며 내가 네게 명령한 대로 온갖 일에 순종하여 내 법도와 율례를 지키면

이 말씀은 하나님께서 솔로몬에게 주신 말씀으로 하나님은 다윗의 마음이 온전하고 바르며 하나님이 명령하는 대로 순종하고 하나님의 법을 지킨 사람이라고 칭찬해 주셨습니다.

 나눔을 위한 질문

● 다윗은 하나님께 인정을 받은 리더입니다. 당신이 하나님께 가장 인정받을 만한 일은 무엇이라고 생각합니까?

맥스웰의 15가지 성장 법칙을 리더에게 적용하기
고통의 법칙과 다윗의 성장

셰릴 머기니스(Cheryl McGuinness)의 남편 톰은 아메리칸 항공의 조종사였습니다. 그런데 안타깝게도 그는 2001년 9월11일 아침에 9.11 항공기 테러 사고로 희생되었습니다. 국제무역센터에 처음으로 충돌한 비행기는 바로 그가 부조종사로 탑승한 아메리칸 항공 11편이었습니다. 이 사고로 그를 비롯하여 탑승객 전원이 목숨을 잃었습니다.

셰릴은 9.11 테러로 악몽 같은 비극을 겪었지만 이 아픔을 견뎌냈고, 그 상황을 잘 헤쳐 나갔습니다. 그로부터 3년 후에 출간한 『잿더미 위에서 찾은 아름다움』이란 책에서 그녀는 이렇게 말했습니다.

"억울하고 이해할 수 없고 받아들이기 힘든 비극을 겪은 후에도 우리에게는 해야 할 일과 수행해야 할 역할과 가족과 다른 사람을 위해 져야 할 책임이 있습니다. 인생은 잠깐 멈출 수도 있지만 곧 다시 굴러가게 마련입니다. 억울해도 그것이 현실입니다."

셰릴은 마음을 추스르고 강하고 담대함으로 자신의 역할에 집중했습니다. 그녀는 톰의 장례식을 준비하고 고별사까지 직접 했는데 이는 분명 괴로운 일이었습니다. 이후 혼자서 아이들을 챙기고 살림을 꾸려나갔습니다. 미망인이 겪는 어려움을 극복하는 법도 빨리 배웠습니다. 새로운 경험 하나하나가 그녀에게는 성장의 기회가 되었습니다.

그녀는 남편과 사별하고 나서야 그동안 자신이 얼마나 게으르게 살아왔는

지를 깨달았습니다. 전에는 자신의 성장을 남편에게 맡겼지만 비극을 겪은 후에는 자신의 성장을 직접 책임지게 되었습니다. 9.11 테러 10주년이 되었을 때 그간의 소회를 묻는 질문에 그녀는 다음과 같이 담담하게 대답했습니다.

"그날은 결코 잊을 수 없을 만큼 처참했습니다. 그러나 나는 9.11의 잿더미와 그날의 잔해 속에서 빠져나왔습니다. 그리고 오늘의 나는 10년 전의 나보다 훨씬 더 강합니다."

나쁜 경험에 잘 대처하면 전화위복이 됩니다. 고통의 법칙에는 이런 힘이 있습니다. 시련은 누구나 겪게 마련입니다. 그렇지만 아무나 교훈을 얻는 것은 아닙니다. 그 속에서 교훈을 얻을 수 있다고 믿고 시련에 맞서는 사람만 교훈을 얻는 것입니다.

고통의 법칙 적용하기

법칙 1

고통의 법칙을 읽고 당신이 깨달은 것을 나누어 보세요.

법칙 2

다윗은 이스라엘의 왕으로 세워질 때까지 수많은 고난과 어려움을 겪었습니다. 하지만 그는 모든 고난과 어려움을 참고 인내했습니다. 고통의 법칙에 근거하여 다윗이 리더로 성장하는 데 영향을 준 것이 무엇인지를 나누어 보세요.

적용과 기도

다윗은 용기 있는 리더, 죄를 깨달았을 때 즉시 회개하는 리더, 하나님과 사람 앞에서 인정받는 리더였습니다. 이 시간에 다윗의 리더십을 공부하면서 당신이 배운 것과 깨달은 것이 무엇인지를 나누어 보세요.

다윗과 같은 리더가 되기 위해서 당신이 결심한 것이 무엇인지를 나누어 보세요.

다윗과 같은 리더가 되기 위해서 함께 기도합시다.

07. 솔로몬

지혜로운 리더

07. 솔로몬 : 지혜로운 리더

열왕기상 3:4~15

4 이에 왕이 제사하러 기브온으로 가니 거기는 산당이 큼이라 솔로몬이 그 제단에 일천 번제를 드렸더니

5 기브온에서 밤에 여호와께서 솔로몬의 꿈에 나타나시니라 하나님이 이르시되 내가 네게 무엇을 줄꼬 너는 구하라

6 솔로몬이 이르되 주의 종 내 아버지 다윗이 성실과 공의와 정직한 마음으로 주와 함께 주 앞에서 행하므로 주께서 그에게 큰 은혜를 베푸셨고 주께서 또 그를 위하여 이 큰 은혜를 항상 주사 오늘과 같이 그의 자리에 앉을 아들을 그에게 주셨나이다

7 나의 하나님 여호와여 주께서 종으로 종의 아버지 다윗을 대신하여 왕이 되게 하셨사오나 종은 작은 아이라 출입할 줄을 알지 못하고

8 주께서 택하신 백성 가운데 있나이다 그들은 큰 백성이라 수효가 많아서 셀 수도 없고 기록할 수도 없사오니

9 누가 주의 이 많은 백성을 재판할 수 있사오리이까 듣는 마음을 종에게 주사 주의 백성을 재판하여 선악을 분별하게 하옵소서

10 솔로몬이 이것을 구하매 그 말씀이 주의 마음에 든지라

11 이에 하나님이 그에게 이르시되 네가 이것을 구하도다 자기를 위하여 장수하기를 구하지 아니하며 부도 구하지 아니하며 자기 원수의 생명을 멸하기도 구하지 아니하고 오직 송사를 듣고 분별하는 지혜를 구하였으니

12 내가 네 말대로 하여 네게 지혜롭고 총명한 마음을 주노니 네 앞에도 너와 같은 자가 없었거니와 네 뒤에도 너와 같은 자가 일어남이 없으리라

13 내가 또 네가 구하지 아니한 부귀와 영광도 네게 주노니 네 평생에 왕들 중에 너와 같은 자가 없을 것이라

14 네가 만일 네 아버지 다윗이 행함 같이 내 길로 행하며 내 법도와 명령을 지키면 내가 또 네 날을 길게 하리라

15 솔로몬이 깨어 보니 꿈이더라 이에 예루살렘에 이르러 여호와의 언약궤 앞에 서서 번제와 감사의 제물을 드리고 모든 신하들을 위하여 잔치하였더라

 솔로몬을 생각할 때 가장 먼저 떠오르는 단어가 무엇입니까?

예화 속으로 시어머니와 친정어머니는 두 분 다 어머니지만 사실은 많이 다릅니다. 시어머니 앞에서는 긴장이 되고 불편할 때가 많지만 친정어머니 앞에서는 긴장이 안 되고 불편하지도 않습니다. 시어머니 앞에서는 편하게 눕지를 못하지만 친정어머니 앞에서는 아무렇게나 눕습니다. 시어머니는 며느리가 실수하면 그것을 지적하며 꾸짖지만 친정어머니는 딸이 실수해도 이해하고 받아줍니다. 시어머니 앞에서는 힘든 이야기를 털어놓기가 어렵지만 친정어머니 앞에서는 힘든 이야기를 얼마든지 털어놓을 수 있습니다. 따라서 시어머니와 며느리는 상호 간에 서로를 배려하고 이해하기 위해서 많이 노력해야 합니다.

교회 안에 시어머니 같은 사람과 친정어머니 같은 사람이 있습니다. 교회 안에 시어머니 같은 사람이 있다면 교회에 가는 것이 부담스럽고 불편할 것입니다. 그러나 교회 안에 친정어머니 같은 사람이 있다면 교회에 가는 것이 기쁘고 즐거울 것입니다. 그러므로 교회 안에 친정어머니 같은 사람이 필요합니다. 교회 안에서 친정어머니와 같은 역할을 하는 사람의 리더십을 '친정어머니 리더십'이라고 부릅니다. 오늘날 한국교회 안에 '친정어머니 리더십'을 가진 여성들의 역할이 절실히 필요합니다.

솔로몬은 교회를 다니지 않는 사람들도 알 정도로 유명한 사람입니다. 무엇보다 솔로몬은 지혜로운 왕으로 잘 알려져 있고, 성전을 건축한 왕으로도 잘 알려져 있습니다. 이 시간에는 솔로몬의 리더십에 대해서 배워 보겠습니다.

1. 기도하는 리더

솔로몬은 기도하는 리더입니다. 그의 일천 번제 기도는 하나님을 감동시켰으며, 일천 번제 기도로 그는 하나님이 주시는 복과 은혜를 받았습니다. 그러므로 기도하는 리더가 될 때 크게 쓰임 받을 수 있습니다.

1 솔로몬은 하나님께 (　　　　　　)를 드렸습니다.

열왕기상 3:4 • 이에 왕이 제사하러 기브온으로 가니 거기는 산당이 큼이라 솔로몬이 그 제단에 일천 번제를 드렸더니

솔로몬은 왕위에 오른 후에 먼저 하나님과의 올바른 관계를 쌓기 위하여 기브온에 있는 산당을 찾아갔습니다. 그리고 그곳에서 하나님께 일천 번제를 드렸습니다.

2 솔로몬의 일천 번제는 세 가지 (　　　　　　)가 있습니다.

열왕기상 3:4 • 이에 왕이 제사하러 기브온으로 가니 거기는 산당이 큼이라 솔로몬이 그 제단에 일천 번제를 드렸더니

일천 번제의 첫 번째 의미는 제물(예물)입니다. 솔로몬은 일천 마리의 소를 하나님께 제물로 바쳤습니다. 두 번째 의미는 제사(예배)입니다. 솔로몬은 일천 마리의 소를 하나님께 제물로 바치면서 제사를 드렸습니다. 세 번째 의미는 기도입니다. 솔로몬은 일천 마리의 소를 하나님께 제물로 바치면서 기도를 드렸습니다. 일천 번제에는 솔로몬의 강렬한 마음과 특별한 헌신이 담겨 있습니다.

3 하나님은 솔로몬의 일천 번제를 [   ] 받아 주셨습니다.

열왕기상 3:5 • 기브온에서 밤에 여호와께서 솔로몬의 꿈에 나타나시니라 하나님이 이르시되 내가 네게 무엇을 줄꼬 너는 구하라

솔로몬이 일천 번제를 드렸을 때 하나님께서 꿈에 그에게 나타나서 "내가 네게 무엇을 줄꼬?" 라고 물으셨습니다. 하나님은 솔로몬의 일천 번제에 크게 감동하여 솔로몬의 소원을 들어주고 싶었던 것입니다. 지금도 하나님은 기도하는 사람에게 복과 은혜를 내려 주십니다.

4 솔로몬은 [   ]를 구했습니다.

열왕기상 3:9 • 누가 주의 이 많은 백성을 재판할 수 있사오리이까 듣는 마음을 종에게 주사 주의 백성을 재판하여 선악을 분별하게 하옵소서

하나님께서 소원을 물어보았을 때 솔로몬은 부귀와 영화와 장수를 구하지 않고 백성을 잘 다스릴 수 있는 지혜를 구했습니다. 솔로몬의 이런 모습에 감동하신 하나님께서 그에게 지혜뿐만 아니라 부귀와 영광까지도 덤으로 주셨습니다.

 나눔을 위한 질문

- 솔로몬은 일천 번제를 통해 하나님을 감동케 했습니다. 그렇다면 당신이 하나님을 감동케 해드린 일이 무엇입니까?

2. 지혜로운 리더

리더에게 있어서 지혜는 매우 중요합니다. 하지만 지혜는 내가 갖고 싶다고 해서 가질 수 있는 것이 아닙니다. 지혜는 하나님께로부터 오는 것이기 때문입니다. 솔로몬에게 수식어처럼 붙어 다니는 별명이 '지혜'입니다. 성경은 솔로몬을 가장 지혜로운 왕으로 소개합니다.

1 하나님은 솔로몬에게 전무후무한 [   ]를 주셨습니다..

열왕기상 4:30 • 솔로몬의 지혜가 동쪽 모든 사람의 지혜와 애굽의 모든 지혜보다 뛰어난지라

열왕기상 4:32 • 그가 잠언 삼천 가지를 말하였고 그의 노래는 천다섯 편이며

성경은 솔로몬의 지혜가 모든 사람의 지혜보다 뛰어나다고 말합니다. 솔로몬은 잠언 3천 가지를 말했고, 노래 1,005곡을 지을 정도로 지혜가 탁월했습니다. 솔로몬은 정치, 사회, 동식물학, 법률학까지도 통달했다고 합니다. 솔로몬은 병거 1,400대를 친히 제작했고 마병 12,000명을 거느렸으며 군사 전략에서도 탁월한 지혜를 가지고 있었습니다.

2 솔로몬의 [   ]은 솔로몬의 지혜를 잘 말해 줍니다.

열왕기상 3:24~25 • 또 이르되 칼을 내게로 가져오라 하니 칼을 왕 앞으로 가져온지라. 왕이 이르되 산 아이를 둘로 나누어 반은 이 여자에게 주고 반은 저 여자에게 주라

어느 날 두 명의 창녀(娼女)가 한 아기를 놓고 싸움을 했습니다. 두 사람은 같은 집에서 살고 있었고 거의 같은 시기에 아기를 출산했습니다. 어느 날 한 창녀의 아기가 죽게 되자 그녀는 자기의 죽은 아기와 다른 창녀의 아기를 몰래 바꿔치기를 했습니다. 그리고 살아있는 아기가 자기 아기라고 우겼습니다. 이렇게 해서 두 명의 창녀가 솔로몬 앞에서 재판을 받게 되었습니다.

솔로몬은 "아기는 하나인데, 엄마는 둘이니까 공평하게 아기를 칼로 반으로 잘라서 나누어 주라."고 판결을 내렸습니다. 이때 아기의 진짜 엄마는 혼비백산(魂飛魄散) 하면서 "아기를 죽이지 말고 저 여자에게 주라."고 간곡히 부탁했습니다. 그러나 아기의 가짜 엄마는 "나누어 달라."고 요청했습니다. 결국 솔로몬은 모성애(母性愛)를 자극함으로 아기의 진짜 엄마를 찾아냈습니다.

3 스바 여왕은 솔로몬의 지혜에 [   ] 했습니다.

열왕기상 10:4~5 • 스바의 여왕이 솔로몬의 모든 지혜와 그 건축한 왕궁과 그 상의 식물과 그의 신하들의 좌석과 그의 시종들이 시립한 것과 그들의 관복과 술 관원들과 여호와의 성전에 올라가는 층계를 보고 크게 감동되어

스바 여왕은 솔로몬의 지혜를 시험하고자 그를 찾아왔습니다. 그녀는 솔로몬으로부터 멀리 떨어진 곳에 생화와 조화를 놓고서 이 중에서 생화를 찾게 했습니다. 솔로몬은 멀리 놓여있는 화분을 한참 동안 바라본 후에 곁에 있는 신하에게 무엇인가를 가져오라고 지시했습니다. 잠시 후 신하는 작은 통을 솔로몬에게 가져다 주었는데, 그 통을 열자 그 속에서 나온 꿀벌 몇 마리가 모두

왼쪽에 놓인 화분으로 날아가서 꽃술을 더듬었습니다. 이때 솔로몬은 스바 여왕에게 "왼쪽 화분이 생화입니다."라고 대답했습니다. 이에 스바 여왕은 물론 그 자리에 모인 신하들까지도 솔로몬의 지혜에 감탄했습니다.

- 하나님께서 솔로몬에게 소원을 물어보셨을 때 그는 지혜를 구했습니다. 만일 하나님께서 당신에게 소원을 물어보신다면 당신은 무엇을 구하고 싶습니까?

3. 성전 건축을 성취한 리더

솔로몬이 남긴 최고의 업적은 성전 건축입니다. 성전 건축을 간절히 원했던 사람은 솔로몬의 부친 다윗인데, 하나님은 다윗이 전쟁에서 너무 많은 피를 흘렸다는 이유로 성전 건축을 허락하지 않았습니다(대상 28:3). 따라서 성전을 건축하는 임무는 평화의 왕인 솔로몬에게 맡겨졌습니다.

1 솔로몬은 (   )를 위하여 성전을 건축했습니다.

열왕기상 6:1 • 이스라엘 자손이 애굽 땅에서 나온 지 사백팔십 년이요 솔로몬이 이스라엘 왕이 된 지 사년 시브 월 곧 둘째 달에 솔로몬이 여호와를 위하여 성전 건축하기를 시작하였더라 솔로몬이 성전을 건축한 것은 여호와 하나님을 위해서였습니다. 성전이 건축된 장소는 과거 아브라함이 이삭을 제물로 바치려 했던 모리아 산입니다. 이곳은 예수님께서 십자가에 달려 돌아가신 곳이기도 합니다. 그러므로 솔로몬의 성전은 이곳에서 십자가를 지고 영원한 성전이 되신 예수 그리스도를 예표합니다(요 2:19~21).

2 성전 건축은 하나님의 (　　　　　　　)입니다.

열왕기상 5:5 • 여호와께서 내 아버지 다윗에게 하신 말씀에 내가 너를 이어 네 자리에 오르게 할 네 아들 그가 내 이름을 위하여 성전을 건축하리라 하신 대로 내가 내 하나님 여호와의 이름을 위하여 성전을 건축하려 하오니

다윗은 성전 건축을 간절히 열망했지만 하나님께서 허락하지 않았습니다. 그러나 솔로몬은 성전 건축을 열망하지 않았음에도 불구하고 성전을 건축하게 되었습니다. 그러므로 성전 건축에 참여하는 것은 큰 은혜이며 축복입니다.

3 성전을 건축할 때 하나님께서 솔로몬에게 (　　　　　　　)을 주셨습니다.

열왕기상 6:12~13 • 네가 지금 이 성전을 건축하니 네가 만일 내 법도를 따르며 내 율례를 행하며 내 모든 계명을 지켜 그대로 행하면 내가 네 아버지 다윗에게 한 말을 네게 확실히 이룰 것이요 내가 또한 이스라엘 자손 가운데에 거하며 내 백성 이스라엘을 버리지 아니하리라 하셨더라

성전을 건축하는 도중에 하나님께서 솔로몬에게 복을 주신 이유는 화려한 성전 건축이 하나님의 임재를 보증하는 것이 아니라 하나님의 말씀과 계명을 준행할 때 비로소 성전은 하나님의 임재의 장소가 될 수 있음을 가르쳐주기 위함이었습니다. 아름다운 성전을 건축하는 것이 중요하겠지만 그보다 더 중요한 것은 아름다운 성전에서 하나님께 정성된 예배를 드리고 하나님의 계명과 말씀을 잘 지키는 것입니다.

4 솔로몬은 [   ] 동안 성전을 건축했습니다.

열왕기상 6:38 • 열한째 해 불 월 곧 여덟째 달에 그 설계와 식양대로 성전 건축이 다 끝났으니 솔로몬이 칠 년 동안 성전을 건축하였더라

성전 건축은 솔로몬이 왕이 된 지 사 년째가 되던 해 봄(BC.966)에 시작하여 칠 년 후에 완공되었습니다(왕상 6:1-38). 그는 칠 년 동안 최선을 다해 아름다운 성전을 건축했습니다. 그러므로 솔로몬은 성전 건축을 성취한 리더입니다.

 나눔을 위한 질문

● 당신이 성전 건축에 참여할 때 하나님께서 당신에게 주신 마음은 어떤 것이고 당신이 성전 건축에 참여하면서 받은 은혜는 무엇입니까?

나폴레옹

　나폴레옹은 역사상 가장 위대한 지도자 중의 한 사람으로 꼽힙니다. 그가 가졌던 지도력의 비밀 중 하나는 자기 사람들의 필요를 잘 아는 것이었습니다. 그는 모든 방법을 동원하여 그들이 원하는 바를 이룰 수 있도록 도와주었습니다. 그는 이렇게 하는 것이 그들에게 동기를 부여하는 최고의 방법이라는 것을 터득했던 것입니다.

맥스웰의 15가지 성장 법칙을 리더에게 적용하기
계획의 법칙과 솔로몬의 성장

존 맥스웰 박사가 1년 중에서 가장 좋아하는 때는 크리스마스 이후 1주일입니다. 그는 크리스마스 오후부터 12월 31일까지 꼬박 1주일 동안 한 해 동안의 일정이 기록된 달력과 노트를 보면서 그동안의 만남, 회의, 약속, 활동을 평가합니다. 지난 한 해 동안 있었던 일을 모두 살펴보는 것이 내년도 전략을 세우는 데 도움이 되기 때문입니다. 그는 수십 년 동안 그렇게 해왔고, 해가 갈수록 삶의 초점이 명확해지는 것은 물론이거니와 더 좋은 전략을 세울 수 있다는 것을 경험했습니다. 그러므로 성장을 극대화하려면 반드시 전략을 세워야 합니다. 이것이 계획의 법칙입니다.

저명한 행동과학자인 제럴드 벨(Gerald Bell) 박사는 기업의 임원으로 있다가 은퇴한 사람들을 연구했습니다. 그가 은퇴한 임원들에게 "인생을 다시 살 수만 있다면 어떻게 하겠느냐?"라고 물었을 때 일흔 다섯 살의 노인이 가장 많이 대답한 내용은 다음과 같습니다. "첫째, 좀 더 일찍 인생의 주도권을 잡고 목표를 설정하겠다. 인생은 연습이 아니라 실전이다. 둘째, 건강을 좀 더 돌보겠다. 셋째, 돈을 더 잘 관리하겠다. 넷째, 가족과 더 많은 시간을 보내겠다. 다섯째, 자기계발에 더 많은 시간을 사용하겠다. 여섯째, 더 재미있게 살겠다. 일곱째, 경력을 더 잘 계획하겠다. 여덟째, 더 많이 베풀겠다."

맥스웰 박사는 6주일 치 달력을 보면서 언제 어떤 일이 예정되어 있는지 확인하고 일을 계획합니다. 또한 아침마다 그날의 일정을 재확인하고 오늘의 중대사를 생각해 봅니다. 이처럼 전략과 체계는 맥스웰 박사의 인생에서 뗄 수 없는 요소입니다.

    체계(system)란 구체적인 원칙을 흐트러짐이 없이 꾸준히 실천해 목표를 달성하는 절차를 말합니다. 체계가 있으면 누구든지 더 좋은 성과를 낼 수 있습니다. 인생의 목적과 우선순위에 염두를 두고 하루, 1주일, 1년을 짜임새 있게 계획할 경우 생각이 또렷해져서 무슨 일을 하든지 힘이 솟게 됩니다. 또한 무슨 일을 하든지 끝까지 해낼 확률이 높습니다. 그러므로 체계를 만들어서 삶을 최대한 짜임새 있게 사는 것이 중요합니다.

계획의 법칙 적용하기

법칙 1
계획의 법칙을 읽고 당신이 깨달은 것을 나누어 보세요.

법칙 2
솔로몬은 기브온 산당에서 일천 번제를 드렸고 성전 건축과 왕궁 건축을 성공적으로 진행한 지혜로운 왕입니다. 계획의 법칙에 근거하여 솔로몬이 리더로 성장하는 데 영향을 준 것이 무엇인지를 나누어 보세요.

적용과 기도

 솔로몬은 기도하는 리더, 지혜로운 리더, 성전 건축을 성취한 리더였습니다. 이 시간에 솔로몬의 리더십을 공부하면서 당신이 배운 것과 깨달은 것이 무엇인지를 나누어 보세요.

 솔로몬과 같은 리더가 되기 위해서 당신이 결심한 것이 무엇인지를 나누어 보세요.

 솔로몬과 같은 리더가 되기 위해서 함께 기도합시다.

08. 에스더

민족을 구원한 리더

08. 에스더 : 민족을 구원한 리더

에스더 4:7~17

7 모르드개가 자기가 당한 모든 일과 하만이 유다인을 멸하려고 왕의 금고에 바치기로 한 은의 정확한 액수를 하닥에게 말하고

8 또 유다인을 진멸하라고 수산 궁에서 내린 조서 초본을 하닥에게 주어 에스더에게 보여 알게 하고 또 그에게 부탁하여 왕에게 나아가서 그 앞에서 자기 민족을 위하여 간절히 구하라 하니

9 하닥이 돌아와 모르드개의 말을 에스더에게 알리매

10 에스더가 하닥에게 이르되 너는 모르드개에게 전하기를

11 왕의 신하들과 왕의 각 지방 백성이 다 알거니와 남녀를 막론하고 부름을 받지 아니하고 안뜰에 들어가서 왕에게 나가면 오직 죽이는 법이요 왕이 그 자에게 금 규를 내밀어야 살 것이라 이제 내가 부름을 입어 왕에게 나가지 못한 지가 이미 삼십 일이라 하라 하니라

12 그가 에스더의 말을 모르드개에게 전하매

13 모르드개가 그를 시켜 에스더에게 회답하되 너는 왕궁에 있으니 모든 유다인 중에 홀로 목숨을 건지리라 생각하지 말라

14 이 때에 네가 만일 잠잠하여 말이 없으면 유다인은 다른 데로 말미암아 놓임과 구원을 얻으려니와 너와 네 아버지 집은 멸망하리라 네가 왕후의 자리를 얻은 것이 이 때를 위함이 아닌지 누가 알겠느냐 하니

15 에스더가 모르드개에게 회답하여 이르되

16 당신은 가서 수산에 있는 유다인을 다 모으고 나를 위하여 금식하되 밤낮 삼 일을 먹지도 말고 마시지도 마소서 나도 나의 시녀와 더불어 이렇게 금식한 후에 규례를 어기고 왕에게 나아가리니 죽으면 죽으리이다 하니라

> **17** 모르드개가 가서 에스더가 명령한 대로 다 행하니라

생각 열기 에스더를 생각할 때 가장 먼저 떠오르는 단어가 무엇입니까?

예화 속으로 찰스 스웝(Charles Swab)은 초등학교만 졸업하고, 미국의 유명한 카네기 강철 회사의 잡역부로 취직했습니다. 그는 매일 매일 공장의 구석구석을 자기 집처럼 깨끗이 정리하고 청소했습니다. 무슨 일이든지 맡은 일에 최선을 다하는 그의 성실함이 인정을 받아 얼마 후 그는 정식 직원이 되었습니다.

정식 직원이 된 후에도 그는 이전과 똑같이 모든 일에 성실하게 최선을 다했습니다. 사람들은 이런 모습을 보면서 그를 비웃었지만, 카네기 사장은 그의 성실함에 감동을 받아 그를 자기의 비서로 특별 채용했습니다. 카네기 사장의 비서가 된 그는 이전보다 더욱 성실하게 최선을 다해 비서직을 수행했습니다.

강철왕 카네기가 은퇴할 때가 되자 누가 카네기의 후계자가 될 것인지에 대해 사람들의 이목(耳目)이 집중되었습니다. 사람들은 하버드 대학 출신이나 대기업 출신, 혹은 명문 가문의 자녀가 후계자가 될 것이라고 생각했습니다. 그러나 카네기는 이 회사의 잡역부로 들어왔다가 자기의 비서가 된 찰스 스웝을 자기 후계자로 지명함으로 전 세계를 놀라게 했습니다. 찰스 스웝은 카네기 강철 회사에 잡역부로 들어왔다가 그 회사의 사장이 되는 역전의 주인공이 되었습니다.

　에스더는 유대인들이 페르시아의 지배를 받던 시대에 살았기 때문에 힘든 삶을 살았습니다. 더군다나 에스더의 부모님께서 일찍 돌아가시는 바람에 그녀는 사촌 오빠인 모르드개에게 양육을 받았습니다(에 2:7). 이런 에스더가 나중에 페르시아의 왕후가 되었으니 에스더는 역전의 주인공이 된 것입니다. 이 시간에는 에스더의 리더십에 대해서 배워 보겠습니다.

1. 역전의 인생을 산 리더

　에스더는 페르시아 왕 아하수에로(BC.486~464)가 통치하던 때에 수도 수산에서 살았습니다. 당시 아하수에로 왕은 왕명을 어긴 와스디 왕후를 폐위시키고 새로운 왕후를 세웠는데 그가 바로 에스더입니다. 에스더는 하루아침에 포로에서 왕후가 되는 역전의 인생을 경험하게 되었습니다.

1 에스더는 [　　　　　　　　　]의 주인공이 되었습니다.

> 에스더 2:17 • 왕이 모든 여자보다 에스더를 더 사랑하므로 그가 모든 처녀보다 왕 앞에 더 은총을 얻은지라 왕이 그의 머리에 관을 씌우고 와스디를 대신하여 왕후로 삼은 후에

　어느 날 모르드개는 페르시아의 왕후를 새로 선발한다는 소식을 에스더에게 전해주면서 그녀가 왕후 선발대회에 출전할 것을 권유했습니다. 에스더는 1년간의 준비 과정을 거쳐 왕후 선발 대회에 나갔습니다. 그런데 놀랍게도 에스더가 왕후에 선발됨으로 그는 역전의 주인공이 되었습니다.

2 〔   〕은 역전의 주인공이 되었습니다.

창세기 41:41 • 바로가 또 요셉에게 이르되 내가 너를 애굽 온 땅의 총리가 되게 하노라 하고

요셉은 자기를 미워하는 형들에 의해 애굽에 종으로 팔려갔습니다. 그는 애굽 시위대장 보디발의 집에서 일하던 중에 보디발에게 인정을 받아 집안 전체의 살림을 주관하는 가정 총무가 되었습니다. 그런데 그는 보디발의 아내에게 모함을 받아 감옥에 갇히게 되었습니다. 그러나 그는 감옥에서 술 관원장의 꿈을 해몽했고, 후에 애굽 왕 바로의 꿈을 해몽함으로 애굽의 총리가 되었습니다. 요셉은 애굽의 종에서 애굽의 총리가 되는 역전의 주인공이 되었습니다.

3 〔   〕은 역전의 주인공이 되었습니다.

사무엘하 5:3 • 이에 이스라엘 모든 장로가 헤브론에 이르러 왕에게 나아오매 다윗 왕이 헤브론에서 여호와 앞에 그들과 언약을 맺으매 그들이 다윗에게 기름을 부어 이스라엘 왕으로 삼으니라

목동 출신인 다윗이 어느 날 아버지 심부름으로 전쟁에 참가 중인 형들을 만나러 갔습니다. 이때 다윗은 블레셋의 장수 골리앗을 보게 되었습니다. 골리앗은 이스라엘 진영을 향해 계속 시비를 걸었지만 골리앗과 싸우려는 이스라엘의 장수는 아무도 없었습니다. 이때 다윗이 물맷돌로 골리앗을 물리치면서 그는 졸지에 이스라엘의 영웅이 되었습니다. 이후에 다윗은 양을 치는 목동에서 이스라엘의 왕이 되는 역전의 주인공이 되었습니다.

4 (　　　　　　　)은 역전의 주인공이 되었습니다.

다니엘 6:2 • 또 그들 위에 총리 셋을 두었으니 다니엘이 그 중의 하나이라 이는 고관들로 총리에게 자기의 직무를 보고하게 하여 왕에게 손해가 없게 하려 함이었더라

이스라엘이 바벨론에게 멸망을 당하고 많은 사람들이 포로로 끌려갔을 때 다니엘도 함께 끌려갔습니다. 당시 바벨론은 포로 중에서 왕족이나 귀족 출신의 능력 있는 사람들을 가르쳐서 활용하는 정책을 펼쳤는데 다니엘이 여기에 발탁되어 왕궁에서 성장하게 되었습니다. 나중에 다니엘은 바벨론 왕 느브갓네살의 꿈을 해몽함으로 바벨론의 총리가 되었습니다. 다니엘은 바벨론에 끌려간 포로에서 바벨론의 총리가 되는 역전의 주인공이 되었습니다.

나눔을 위한 질문

● 에스더는 역전의 인생을 산 사람입니다. 당신의 삶에서 역전의 인생을 경험한 때가 언제입니까?

2. 결단력이 있는 리더

유대 민족이 몰살당할 위기에 처했을 때 에스더는 "죽으면 죽으리라."라는 결단을 하고 왕을 만나러 갔습니다. 만일 에스더가 이렇게 결단을 하지 않았더라면 페르시아에 거주하는 유대인들은 모두 죽음을 면치 못했을 것입니다. 에스더 한 사람의 결단이 모든 유대인을 살린 것입니다. 그러므로 에스더는 결단력이 있는 리더입니다.

1 모르드개는 에스더에게 [   ]을 촉구했습니다.

에스더 4:14 • 이때에 네가 만일 잠잠하여 말이 없으면 유다인은 다른 데로 말미암아 놓임과 구원을 얻으려니와 너와 네 아버지 집은 멸망하리라 네가 왕후의 자리를 얻은 것이 이때를 위함이 아닌지 누가 알겠느냐 하니

아하수에로 왕의 절대적인 신임을 얻고 있던 하만의 계략으로 페르시아 땅에 거주하는 모든 유대인들이 처형당할 위기를 만나게 되었습니다. 이 때 모르드개가 에스더에게 도움을 청했습니다. 당시 페르시아 왕궁의 법은 왕후라고 할지라도 왕이 부르기 전에는 절대로 왕에게 갈 수가 없었습니다. 더군다나 에스더는 지난 30일 동안 왕의 부름을 받지를 못한 상태였습니다. 따라서 에스더는 모르드개의 부탁을 들어줄 수가 없다고 답변했습니다. 그러자 모르드개는 "네가 왕후의 자리를 얻은 것이 이때를 위함이 아닌지 누가 알겠느냐?"라고 하면서 에스더의 결단을 촉구했습니다.

2 에스더는 위기의 상황에서 [   ]기도를 요청했습니다.

에스더 4:16 • 당신은 가서 수산에 있는 유다인을 다 모으고 나를 위하여 금식하되 밤낮 삼일을 먹지도 말고 마시지도 마소서 나도 시녀와 더불어 이렇게 금식한 후에 규례를 어기고 왕에게 나아가리니 죽으면 죽으리이다 하니라

모든 유대인이 처형당할 위기에 처했고, 자기가 아니면 누구도 이 문제를 해결할 수가 없다는 것을 알게 된 에스더는 깊은 고민에 빠졌습니다. 왕궁의 법을 어기고 왕을 찾아간다는 것은 목숨을 걸어야 하는 위험한 행동이었습니다. 그렇다고 해서 모르드개의 말을 무시했다가는 모든 유대인이 처형을 당할 것이 분명했습니다. 이런 상황에서 에스더는 모든 유대인들에게 자신을 위하여 3일 동안 금식기도를 해 줄 것을 부탁했습니다.

3 에스더는 3일 동안 〔   〕 기도를 한 후에 왕을 만나기로 〔   〕 했습니다.

에스더 4:16 • 당신은 가서 수산에 있는 유다인을 다 모으고 나를 위하여 금식하되 밤낮 삼일을 먹지도 말고 마시지도 마소서 나도 시녀와 더불어 이렇게 금식한 후에 규례를 어기고 왕에게 나아가리니 죽으면 죽으리이다 하니라

에스더는 모든 유대인들에게 3일 동안 금식기도를 부탁하고, 자기 자신도 3일 동안 금식기도를 하기로 결심했습니다. 기도를 부탁하는 것도 중요하지만 본인이 직접 기도하는 것이 중요하다는 것을 에스더는 잘 알고 있었습니다. 에스더는 금식기도를 마친 후에 "죽으면 죽으리이다."라고 결단하면서 왕에게로 나아갔습니다.

4 세월호 선장과 타이타닉 선장의 다른 점은 〔   〕 의 차이입니다.

2014년 4월 16일에 승객 476명을 태우고 인천을 출발하여 제주도로 가던 세월호가 진도 앞바다에서 침몰했습니다. 선장은 배가 침몰할 때 승객들에게 "배에서 빨리 탈출하라!"는 대피 명령을 내리지 않았습니다. 이런 상황에서 선장은 몰래 배를 탈출했습니다. 배가 침몰할 때 선장이 신속하게 배의 위기상황을 알리고 승객들에게 탈출을 지시했더라면 더 많은 생명을 살릴 수 있었을 것입니다. 무책임하고 결단력 없는 선장 때문에 304명의 소중한 생명을 잃게 되었습니다.

1912년 4월 15일 승객 2,224명을 태운 영국의 초호화 유람선 타이타닉 호가 빙산과 충돌하면서 침몰했습니다. 선장은 배에 있던 구조선에 승객들을 태워서 탈출시켰습니다. 그리고 본인은 끝까지 배의 키를 붙잡은 채 배와 함께 물속으로 가라앉았습니다. 타이타닉 호가 침몰함으로 1,514명의 수많은 생명

을 잃었지만, 그럼에도 불구하고 선장의 결단력 있는 행동과 리더십으로 710명의 소중한 생명을 살릴 수가 있었습니다. 그러므로 리더의 결단이 매우 중요합니다.

 나눔을 위한 질문

- 에스더는 "죽으면 죽으리이다."라는 결단을 내리고 왕을 만나러 갔습니다. 당신이 지금까지 내린 결단 중에서 최고의 결단은 무엇입니까?

3. 민족을 구원한 리더

에스더는 모세와 같이 하나님의 부르심을 받은 지도자가 아닙니다. 에스더는 느헤미야처럼 능력 있는 사람도 아닙니다. 에스더는 연약한 한 여성에 불과하지만 자기 민족이 위기에 처했을 때 이를 외면하지 않았습니다. 에스더가 위기에 처한 민족을 구원하기 위해서 간절히 기도할 때 하나님께서 그를 통하여 구원의 길을 열어 주셨습니다. 그러므로 에스더는 민족을 구원한 리더입니다.

1 기도할 때 하나님께서 〔   〕를 베풀어 주셨습니다.

> 에스더 5:2 • 왕후 에스더가 뜰에 선 것을 본즉 매우 사랑스러우므로 손에 잡았던 금 규를 그에게 내미니 에스더가 가까이 가서 금 규 끝을 만진지라

에스더는 왕후의 예복을 곱게 차려입고 왕을 찾아갔습니다. 이때 왕이 에스더를 보면서 금 규를 내밀어 에스더를 맞아 주었습니다. 이렇게 해서 에스더가 처형을 당하지 않고 왕을 만나게 되었습니다. 왕이 뜰에 서 있는 에스더를 보았을 때 그가 매우 사랑스럽게 보인 것은 하나님의 놀라운 은혜였습니다.

2 에스더는 기회가 주어졌을 때 분명하게 자기의 〔   〕을 말했습니다.

에스더 7:3 • 왕후 에스더가 대답하여 이르되 왕이여 내가 만일 왕의 목전에서 은혜를 입었으며 왕이 좋게 여기시면 내 소청대로 내 생명을 내게 주시고 내 요구대로 내 민족을 내게 주소서

에스더가 부름을 받지 않은 상황에서 아하수에로 왕을 찾아갔을 때 왕은 금 규를 내밀어 에스더를 맞아 주었습니다. 이때 왕은 에스더에게 "너의 소원이 무엇이냐?"하고 세 번씩이나 물어보았습니다. 하지만 에스더는 섣불리 유대 민족을 구원해 달라고 요청하지 않고 기다렸습니다. 에스더는 기회를 엿보다가 가장 좋은 기회가 주어졌을 때 자기의 소원을 왕에게 말했습니다. 결국 아하수에로 왕은 에스더의 소원을 들어주었습니다.

3 에스더의 결단이 유대 민족을 〔   〕했습니다.

에스더 9:22 • 이 달 이 날에 유다인들이 대적에게서 벗어나서 평안함을 얻어 슬픔이 변하여 기쁨이 되고 애통이 변하여 길한 날이 되었으니 이 두 날을 지켜 잔치를 베풀고 즐기며 서로 예물을 주며 가난한 자를 구제하라 하매

목숨을 건 에스더의 결단으로 모든 유대인이 몰살당할 수밖에 없던 위기의 상황에서 벗어났습니다. 유대인들은 슬픔이 변하여 기쁨이 되고, 애통이 변하여 길한 날이 된 것을 기념하여 잔치를 베풀었습니다. 그리고 이 날을 '부림절'로 정하여 해마다 지키게 되었습니다.

 나눔을 위한 질문

- 에스더는 민족을 구원하는 일에 목숨을 바쳤습니다. 당신이 나라와 민족을 위해서 기여할 수 있는 일이 무엇이라고 생각합니까?

맥스웰의 15가지 성장 법칙을 리더에게 적용하기
되돌아보기의 법칙과 에스더의 성장

　19세기에서 20세기로 넘어가는 시기에 마차용 채찍을 만드는 회사가 있었습니다. 이 회사는 뛰어난 품질의 채찍을 만들어서 경쟁할만한 회사가 없었습니다. 그런데 갑자기 자동차가 시장에 등장했고 얼마 후 모든 도로에서 마차 대신 자동차가 달리기 시작했습니다. 결국 승승장구하던 이 회사는 문을 닫고 말았습니다. 만약 그 회사의 리더들이 잠깐 멈춰 서서 미래를 고민하며 진로를 바꿨더라면 그 회사는 문을 닫지 않았을 것입니다.

　누구에게나 잠깐 동안 되돌아볼 시간과 장소가 필요합니다. 잠깐 멈추는 법을 배우면 성장이 따라올 여유가 생깁니다. 이것이 바로 되돌아보기의 법칙입니다. 맥스웰 박사는 사람들에게 생각할 장소를 찾거나 만들라고 제안합니다. 물론 그런 장소를 만들었다고 무슨 마법 같은 일이 일어나는 것은 아닙니다. 그러나 일부러 그런 장소를 마련하고 그곳에 가는 시간을 정해 놓을 경우 그 장소를 이용할 확률이 높아집니다. 그리고 그것은 분명 성장에 도움이 될 것입니다.

　의도적으로 멈추면 더 넓고 깊게 생각할 수 있습니다. 세상에 영향을 끼친 위인들의 삶을 살펴보면 하나같이 혼자 있는 시간이 아주 많았다는 것을 알 수 있습니다. 수많은 리더가 다른 사람보다 열 배는 바쁘게 살아갑니다. 너무 바빠서 잠깐 멈춰서 생각할 틈을 내지 못하는 경우도 많습니다. 그러나 잠깐 멈춰 생각하는 시간은 리더에게 매우 중요합니다. 1분 동안 생각하는 것이 1시간 동안 말하는 것보다 훨씬 더 가치가 있을 수 있습니다. 그러므로 반드시 생각할 장소를 마련하기 바랍니다. 사색에서 인생을 바꾸는 힘이 나옵니다.

『하프 타임』이라는 책이 있습니다. 이 책의 주요 내용은 잠깐 멈춰 성장이 따라올 틈을 주라는 것입니다. 이 책의 저자인 밥 버포드는 인생의 전반전에서 성공을 경험한 독자에게 걸음을 멈추고 인생의 후반전에서 하고 싶은 일이 무엇인지 생각해 보라고 권면합니다. 자기의 사명을 모르면 인생의 후반전에서 멀리 갈 수가 없기 때문입니다. 우리가 성장해야 하는 이유는 잠재력을 발휘하기 위해서입니다. 그러므로 날마다 잠깐 멈춰 서서 자신을 되돌아보는 시간을 갖기 바랍니다.

되돌아보기의 법칙 적용하기

법칙 1

되돌아보기의 법칙을 읽고 당신이 깨달은 것을 나누어 보세요.

법칙 2

가장 이상적인 되돌아보기는 날마다 잠들기 전에 짧게 시간을 내고(10~30분), 그와 별도로 1주일에 한 번씩 시간(1~2시간)을 정하는 것입니다. 또한 몇 달에 한 번씩 날을 잡거나(반나절), 1년에 한 번 오랫동안(최소 하루, 최대 1주일) 되돌아보는 것입니다. 이 시간에는 당신이 되돌아볼 시간을 계획해 보세요.

법칙 3

에스더는 페르시아에 거주하는 유대인 포로였으나 나중에 페르시아의 왕후가 되었습니다. 유대 민족이 위기에 처했을 때 그는 목숨 걸고 민족을 구원하는 일에 헌신했습니다. 되돌아보기의 법칙에 근거하여 에스더가 리더로 성장하는 데 영향을 준 것이 무엇인지를 나누어 보세요.

적용과 기도

 에스더는 역전의 인생을 산 리더, 결단력이 있는 리더, 민족을 구원한 리더였습니다. 이 시간에 에스더를 공부하면서 당신이 배운 것과 깨달은 것이 무엇인지를 나누어 보세요.

 에스더와 같은 리더가 되기 위해서 당신이 결심한 것이 무엇인지를 나누어 보세요.

 에스더와 같은 리더가 되기 위해서 함께 기도합시다.

09. 다니엘

구별된 리더

09. 다니엘 : 구별된 리더

다니엘 1:8~21

8 다니엘은 뜻을 정하여 왕의 음식과 그가 마시는 포도주로 자기를 더럽히지 아니하리라 하고 자기를 더럽히지 아니하도록 환관장에게 구하니

9 하나님이 다니엘로 하여금 환관장에게 은혜와 긍휼을 얻게 하신지라

10 환관장이 다니엘에게 이르되 내가 내 주 왕을 두려워하노라 그가 너희 먹을 것과 너희 마실 것을 지정하셨거늘 너희의 얼굴이 초췌하여 같은 또래의 소년들만 못한 것을 그가 보게 할 것이 무엇이냐 그렇게 되면 너희 때문에 내 머리가 왕 앞에서 위태롭게 되리라 하니라

11 환관장이 다니엘과 하나냐와 미사엘과 아사랴를 감독하게 한 자에게 다니엘이 말하되

12 청하오니 당신의 종들을 열흘 동안 시험하여 채식을 주어 먹게 하고 물을 주어 마시게 한 후에

13 당신 앞에서 우리의 얼굴과 왕의 음식을 먹는 소년들의 얼굴을 비교하여 보아서 당신이 보는 대로 종들에게 행하소서 하매

14 그가 그들의 말을 따라 열흘 동안 시험하더니

15 열흘 후에 그들의 얼굴이 더욱 아름답고 살이 더욱 윤택하여 왕의 음식을 먹는 다른 소년들보다 더 좋아 보인지라

16 그리하여 감독하는 자가 그들에게 지정된 음식과 마실 포도주를 제하고 채식을 주니라

17 하나님이 이 네 소년에게 학문을 주시고 모든 서적을 깨닫게 하시고 지혜를 주셨으니 다니엘은 또 모든 환상과 꿈을 깨달아 알더라

18 왕이 말한 대로 그들을 불러들일 기한이 찼으므로 환관장이 그들을 느부갓네살 앞으로 데리고 가니

19 왕이 그들과 말하여 보매 무리 중에 다니엘과 하나냐와 미사엘과 아사랴와 같은 자가 없으므로 그들을 왕 앞에 서게 하고

20 왕이 그들에게 모든 일을 묻는 중에 그 지혜와 총명이 온 나라 박수와 술객보다 십 배나 나은 줄을 아니라

21 다니엘은 고레스 왕 원년까지 있으니라

 다니엘을 생각할 때 가장 먼저 떠오르는 단어가 무엇입니까?

예화 속으로 잭 웰치(Jack Welch)가 1981년에 제너럴 일렉트릭(GE)사의 리더가 되었을 때 이 회사는 역사가 90년이 되었고, 350개의 사업체를 포함하는 거대한 규모였습니다. 그러나 웰치는 회사가 더 좋아질 수 있다고 믿었습니다. 그는 회사의 350개 사업체 중에서 세계 시장에서 1위나 2위를 할 수 없는 것은 과감히 문을 닫았습니다. 이렇게 사업체를 정리하여 100억 달러의 자금을 모았고 이 돈을 포함하여 180억 달러의 자금을 남아 있는 사업체에 투자했습니다. 그 결과 1989년에 남아 있던 14개의 사업체는 세계 수준급의 사업체가 되었습니다.

잭 웰치가 재직한 이래로 GE사의 순가치는 계속해서 상승하여 GE사는 미국에서 가장 칭찬받는 회사가 되었고, 2,500억 달러 이상의 자본금을 가진 세상에서 가장 값비싼 기업체가 되었습니다. 그렇다면 무엇이 GE사를 세상에서 가장 우수한 회

사로 만들었을까요? 이것은 잭 웰치의 리더십 능력 때문이었습니다. 그는 '가장 위대한 성공은 참으로 중요한 일에 자신의 사람들을 집중시킬 때 가능하다는 것'을 알고 있었습니다. 그는 우선순위를 정하여 중요한 일에 집중함으로 큰 성공을 거두었습니다.

다니엘은 남유다가 멸망당할 때 바벨론에 포로로 잡혀갔지만 나중에 그의 능력을 인정받아 바벨론의 총리가 되었습니다. 다니엘은 위기의 상황에서도 기도에 우선순위를 두고 매일 기도를 실천했습니다. 이 시간에는 다니엘의 리더십에 대해서 배워 보겠습니다.

1. 구별된 삶을 사는 리더

다니엘은 바벨론에 잡혀간 포로였지만 왕궁에 기거하면서 왕의 음식을 먹는 특별 대우를 받았습니다. 그러나 다니엘은 이런 특혜를 포기하고 하나님의 백성으로서 구별된 삶을 살기로 결심했습니다. 이런 점에서 다니엘은 구별된 삶을 사는 리더였습니다.

1 다니엘은 바벨론에 [　　　　　]로 잡혀갔습니다.

다니엘 1:1 • 유다 왕 여호야김이 다스린 지 삼 년이 되는 해에 바벨론 왕 느부갓네살이 예루살렘에 이르러 성을 에워쌌더니 남유다는 기원전 586년에 바벨론 제국에게 멸망을 당했습니다. 바벨론은 남유다를 정복한 후에 유대인들을 3차에 걸쳐 포로로 잡아갔는데, 1차 포로로 잡혀간 사람 중에 다니엘이 포함되어 있었습니다.

2 다니엘은 거룩한 삶을 살기로 [   ]을 정했습니다.

다니엘 1:8 • 다니엘은 뜻을 정하여 왕의 음식과 그가 마시는 포도주로 자기를 더럽히지 아니하리라 하고 자기를 더럽히지 아니하도록 환관장에게 구하니

바벨론의 느부갓네살 왕은 포로 중에서 똑똑하고 능력 있는 사람을 선발하여 3년 동안 교육시켜서 인재로 활용하는 독특한 정책을 펼쳤습니다. 느부갓네살 왕은 선발된 교육생들에게는 왕의 음식과 왕이 마시는 포도주를 먹는 특혜도 주었습니다. 그런데 교육생으로 선발된 다니엘은 뜻을 정하여 왕이 먹는 음식과 포도주를 먹지 않았습니다. 당시 대부분의 고기는 우상에게 제물로 바쳐졌던 것들이기 때문에 다니엘은 거룩함을 유지하고, 구별된 삶을 살기 위하여 부정한 음식을 먹지 않기로 결심한 것입니다.

3 하나님은 다니엘에게 [   ]를 주셨습니다.

다니엘 1:14~15 • 그가 그들의 말을 따라 열흘 동안 시험하더니 열흘 후에 그들의 얼굴이 더욱 아름답고 살이 더욱 윤택하여 왕의 음식을 먹는 다른 소년들보다 더 좋아 보인지라

다니엘은 왕의 음식과 왕의 포도주로 자기를 더럽히지 않기 위하여 환관장에게 채식만을 먹겠다고 부탁했습니다. 다니엘이 이렇게 뜻을 세우고 실천했을

때 그가 채소만 먹어도 고기를 먹는 사람보다 얼굴이 훨씬 아름답고 더 좋아 보였습니다. 하나님은 구별된 삶을 살고자 애쓰는 다니엘에게 은혜를 베풀어 주었습니다.

4 하나님은 광야에서 이스라엘 백성들을 구별된 백성으로 ( ) 하셨습니다.

신명기 8:2 • 네 하나님 여호와께서 이 사십 년 동안에 네게 광야 길을 걷게 하신 것을 기억하라 이는 너를 낮추시며 너를 시험하사 네 마음이 어떠한지 그 명령을 지키는지 지키지 않는지 알려 하심이라

출애굽한 이스라엘 백성들은 사십 년 동안 광야 생활을 했습니다. 하나님은 매일매일 기적의 음식인 만나를 내려주셨고, 이스라엘 백성들은 만나를 먹으면서 광야를 행진했습니다. 광야 생활은 하나님께서 이스라엘을 거룩하고 구별되게 훈련하는 과정이었습니다.

5 교회를 다니는 사람을 ( ) 라고 부릅니다.

성도(聖徒)라는 말의 의미는 거룩한 무리라는 뜻입니다. 교회를 다니는 사람은 거룩하고 구별되어야 한다는 뜻입니다. 기독교인이 믿지 않는 사람들과 구별되는 최고의 구별은 주일성수입니다. 주일은 기독교인이 하나님께 예배하는 특별한 날입니다. 기독교인들은 주일성수에 최우선권을 두고 주일을 거룩하게 지켜야 합니다.

 나눔을 위한 질문

- 다니엘은 구별된 삶을 살기 위해서 특별한 혜택을 포기했습니다. 당신이 믿음의 사람으로 구별된 삶을 살기 위해서 포기한 것이 무엇입니까?

2. 하나님 중심의 신앙을 가진 리더

신앙을 잘 지키기 위해서는 다니엘 같은 믿음이 필요합니다. 이런 믿음이 있어야 환란과 핍박 속에서도 믿음을 지킬 수 있습니다. 육신의 정욕과 안목의 정욕과 이생의 자랑을 이기고 이단의 유혹을 물리치기 위해서는 다니엘처럼 하나님 중심의 신앙을 소유해야 합니다.

1 다니엘의 세 친구는 （　　　　　　　　）중심의 신앙을 가진 리더입니다.

> 다니엘 3:17~18 • 왕이여 우리가 섬기는 하나님이 계시다면 우리를 맹렬히 타는 풀무불 가운데에서 능히 건져내시겠고 왕의 손에서도 건져내시리이다 그렇게 하지 아니하실지라도 왕이여 우리가 왕의 신들을 섬기지도 아니하고 왕이 세우신 금 신상에게 절하지도 아니할 줄을 아옵소서

다니엘을 미워하고 시기하던 바벨론의 방백들은 다니엘의 세 친구를 죽이기 위하여 '금으로 만든 신상에게 절하지 않으면 풀무불에 던져 넣는다'는 법을 만들었습니다. 그런데 다니엘의 세 친구는 죽음 앞에서도 결단코 금 신상에게 절하지 않았습니다. 다니엘의 세 친구를 아끼던 느부갓네살 왕은 "지금이라도 금 신상에게 절한다면 용서해 주겠다."고 그들을 설득했습니다. 하지만 그들은 맹렬히 타는 풀무불 속에 던져질지언정 결단코 금 신상에게 절하지 않겠다면서 그들의 믿음을 지켰습니다.

2 바벨론의 총리들과 고관들은 다니엘을 죽이기 위한 〔   〕을 만들었습니다.

> 다니엘 6:7 • 나라의 모든 총리와 지사와 총독과 법관과 관원이 의논하고 왕에게 한 법률을 세우며 한 금령을 정하실 것을 구하나이다 왕이여 그것은 곧 이제부터 삼십일 동안에 누구든지 왕 외의 어떤 신에게나 사람에게 무엇을 구하면 사자 굴에 던져 넣기로 한 것이니이다

바벨론의 총리들과 고관들은 다니엘이 바벨론의 총리가 되어 나라를 다스리는 것에 불만을 품었습니다. 그들은 다니엘을 죽이기 위해서 희한한 법을 만들었습니다. 그 법은 '30일 동안 왕 이외에 어떤 신이나 사람에게 기도하면 사자굴 속에 던져 넣는다'는 법입니다. 이 법은 즉시 바벨론 전국에 선포되어 앞으로 30일 동안 왕 이외에 다른 신에게 기도하면 처형을 당하게 되었습니다.

3 다니엘은 죽음 앞에서도 하루에 세 번씩 하나님께 〔   〕를 했습니다.

> 다니엘 6:10 • 다니엘이 이 조서에 왕의 도장이 찍힌 것을 알고도 자기 집에 돌아가서는 윗방에 올라가 예루살렘으로 향한 창문을 열고 전에 하던 대로 하루 세 번씩 무릎을 꿇고 기도하며 그의 하나님께 감사하였더라

왕의 조서가 공포되었기 때문에 누구든지 기도하면 사자굴 속에 던져져서 사자의 밥이 될 수밖에 없었습니다. 그럼에도 불구하고 다니엘은 하루에 세 번씩 계속 기도했습니다. 그는 죽음 앞에서도 결코 타협하거나 기도 생활을 포기하지 않았습니다. 그러므로 다니엘은 하나님 중심의 신앙을 가진 리더임을 알 수 있습니다.

 **나눔을 위한 질문**

● 다니엘은 하나님 중심의 신앙을 소유한 리더였습니다. 당신은 과연 하나님 중심의 신앙을 소유하고 있습니까? 그렇다면 그 증거가 무엇입니까?

3. 탁월한 지혜를 가진 리더

다니엘은 하나님이 주신 지혜가 있었습니다. 바벨론에 포로로 잡혀간 다니엘이 바벨론의 총리가 될 수 있었던 것은 그에게 탁월한 지혜가 있었기 때문입니다.

1 다니엘은 지혜와 총명이 [   ]했습니다.

다니엘 1:20 • 왕이 그들에게 모든 일을 묻는 중에 그 지혜와 총명이 온 나라 박수와 술객보다 십 배나 나은 줄을 아니라

느부갓네살 왕은 다니엘의 지혜와 총명이 탁월하다는 것을 잘 알고 있었습니다. 느브갓네살 왕은 다니엘의 지혜와 총명이 바벨론에 있는 모든 박수와 술객들보다도 열 배나 더 뛰어난 것을 알고 있었습니다. 그러므로 다니엘이 포로임에도 불구하고 그를 바벨론의 총리로 세운 것입니다.

2 다니엘은 꿈을 해몽하는 (　　　　　　　　)이 있었습니다.

다니엘 5:29 • 이에 벨사살이 명하여 그들이 다니엘에게 자주색 옷을 입히게 하며 금 사슬을 그의 목에 걸어 주고 그를 위하여 조서를 내려 나라의 셋째 통치자로 삼으니라

느부갓네살 왕의 뒤를 이어 바벨론의 왕이 된 벨사살 왕은 귀족 천 명과 더불어 큰 잔치를 베풀고, 선친 느부갓네살 왕이 탈취해 온 예루살렘 성전의 기물로 술을 마시고 있었습니다. 그런데 그때 벽에 나타난 사람의 손가락이 이상한 글씨를 썼습니다. 벨사살 왕은 이 글을 해석하는 자에게 나라의 세 번째 통치자로 삼겠다고 약속했습니다. 하지만 이 글을 해석하는 사람이 아무도 없었습니다. 이때 다니엘이 왕의 부름을 받아 왕 앞에서 이 글을 해석함으로 바벨론의 세 번째 통치자가 되었습니다.

3 다니엘이 갖고 있던 탁월한 (　　　　　　　　)는 하나님이 주신 것입니다.

다니엘 6:10 • 다니엘이 이 조서에 왕의 도장이 찍힌 것을 알고도 자기 집에 돌아가서는 윗방에 올라가 예루살렘으로 향한 창문을 열고 전에 하던 대로 하루 세 번씩 무릎을 꿇고 기도하며 그의 하나님께 감사하였더라

다니엘은 기도에 비전을 두고 매일 하나님께 기도를 했습니다. 다니엘이 죽음 앞에서도 포기하지 않고 하루에 세 번씩 하나님께 기도할 때 하나님께서 다니엘에게 탁월한 지혜를 주셨습니다. 다니엘은 하나님이 주신 지혜로 총리의 역할을 잘 수행했습니다. 그러므로 지혜로운 리더가 되려면 매일 기도해야 합니다.

 **나눔을 위한 질문**

● 다니엘은 죽음 앞에서도 하루 세 번씩 기도했습니다. 당신은 매일 기도하고 있습니까? 요즘 당신의 기도 생활이 어떠한 지를 나누어 보세요.

맥스웰의 15가지 성장 법칙을 리더에게 적용하기
환경의 법칙과 다니엘의 성장

성장하고 싶으면 훌륭한 사람들과 어울리고 훌륭한 곳에 가고 훌륭한 행사에 참석하고 훌륭한 책을 읽고 훌륭한 강연을 들어야 합니다. 맥스웰 박사는 자신을 좋은 사람들 속에 놓아둠으로 점점 더 성장하게 되었습니다. 이것이 환경의 법칙입니다.

하버드대학교 사회심리학 교수 데이비드 맥클레랜드(David McClelland)의 말을 빌리자면 우리가 습관적으로 어울리는 사람들을 '준거 집단'이라고 하는데, 그들이 우리 인생의 성패를 95%나 결정한다고 합니다. 찰스 트레멘더스 존스는 "누구와 어울리고 무엇을 읽는가. 이 두 가지가 바뀌지 않으면 5년 후의 모습도 지금과 똑같을 것이다."라고 말했습니다. 짐 론도 "우리는 가장 많이 어울리는 다섯 사람의 평균이 된다."라고 말했습니다. 주위 사람들을 보면 우리의 건강, 자세, 수입이 어떤지 알 수 있다는 것입니다.

맥스웰 박사는 성장 초기에 자신을 자극하기 위해서 여러 사람에게 자기의 목표를 이야기했습니다. 마감 기한과 그것을 지켜보는 이들만큼 사람을 움직이게 하는 것도 드물다고 합니다. 그는 남에게 목표를 말한 것이 부끄럽지 않을 만큼 열심히 일했다고 합니다.

그때부터 지금까지 맥스웰 박사가 쓰고 있는 또 다른 자극법이 있습니다. 그것은 매주 성장 기회를 하나씩 찾아서 열심히 배우고 교훈을 얻는 것입니다. 그 기회는 친구를 만나는 것일 수도 있고, 멘토와 점심을 먹으며 가르침을 받는 것일 수도 있습니다. 또 컨퍼런스에 참가하거나 저명한 리더와의 만남을

기대하며 강연에 참석하는 것일 수도 있습니다.

　우리가 인생에서 일으키고자 하는 변화는 오직 현재에만 일어납니다. 그러므로 지금 하는 일이 미래의 모습과 위치를 좌우하는 것입니다. 자신과 환경을 바꿔야 한다면 어제를 곱씹지 말아야 합니다. 어제는 절대로 바꿀 수 없습니다. 미래도 걱정하지 않기를 바랍니다. 미래는 우리 힘으로 어쩔 수가 없습니다. 오직 현재의 순간에, 지금 할 수 있는 일에 집중하는 것이 중요합니다.

환경의 법칙 적용하기

법칙 1
환경의 법칙을 읽고 당신이 깨달은 것을 나누어 보세요.

법칙 2
다니엘은 바벨론에 포로로 잡혀갔지만 뜻을 정하여 믿음을 지켰습니다. 다니엘은 죽음 앞에서도 굴하지 않고 하루 세 번씩 기도를 실천했습니다. 그 결과 바벨론의 총리가 되는 기적을 이루었습니다. 환경의 법칙에 근거하여 다니엘이 리더로 성장하는 데 영향을 준 것이 무엇인지를 나누어 보세요.

적용과 기도

 다니엘은 구별된 삶을 사는 리더, 하나님 중심의 신앙을 가진 리더, 탁월한 지혜를 가진 리더였습니다. 이 시간에 다니엘의 리더십을 공부하면서 배운 것과 깨달은 것이 무엇인지를 나누어 보세요.

 다니엘과 같은 리더가 되기 위해서 당신이 결심한 것이 무엇인지를 나누어 보세요.

 다니엘과 같은 리더가 되기 위해서 함께 기도합시다.

데일 카네기

데일 카네기는 가능성이 있는 인물들을 알아보는 데 있어서 천재적인 안목을 가진 사람이었습니다. 한 취재기자가 카네기를 찾아와서 43명이나 되는 탁월한 백만장자를 키울 수 있는 비결이 무엇인지를 물었을 때 카네기는 이렇게 대답했습니다. "인재들을 개발하는 것은 금을 캐는 것과 같습니다. 금광에서 1온스의 금덩이를 캐기 위해서 트럭 몇 대 분의 흙을 파내야 합니다. 흙만 파내기 위해 금광에 들어가는 사람은 아무도 없지요. 제가 금광에 들어갈 때는 금을 캐러 갑니다." 바로 이 방법이 적극적이며 성공적인 인재를 개발해 내는 방법입니다.

제 3부
신약의 리더와 리더십

01. 베드로

열정의 리더

01. 베드로 : 열정의 리더

마태복음 16:13~20

13 예수께서 빌립보 가이사랴 지방에 이르러 제자들에게 물어 이르시되 사람들이 인자를 누구라 하느냐

14 이르되 더러는 세례 요한, 더러는 엘리야, 어떤 이는 예레미야나 선지자 중의 하나라 하나이다

15 이르시되 너희는 나를 누구라 하느냐

16 시몬 베드로가 대답하여 이르되 주는 그리스도시요 살아 계신 하나님의 아들이시니이다

17 예수께서 대답하여 이르시되 바요나 시몬아 네가 복이 있도다 이를 네게 알게 한 이는 혈육이 아니요 하늘에 계신 내 아버지시니라

18 또 내가 네게 이르노니 너는 베드로라 내가 이 반석 위에 내 교회를 세우리니 음부의 권세가 이기지 못하리라

19 내가 천국 열쇠를 네게 주리니 네가 땅에서 무엇이든지 매면 하늘에서도 매일 것이요 네가 땅에서 무엇이든지 풀면 하늘에서도 풀리리라 하시고

20 이에 제자들에게 경고하사 자기가 그리스도인 것을 아무에게도 이르지 말라 하시니라

 베드로를 생각할 때 가장 먼저 떠오르는 단어가 무엇입니까?

예화 속으로 노르만 쉬바르츠코프(Norman Schwarzkopf) 장군은 17년째 군대에 재직하던 중에 1969년 12월에 대대를 지휘할 수 있는 기회를 얻게 되었습니다. 하지만 그가 맡은 대대는 아무도 책임 맡기를 원치 않았던 제6사단의 제1보병 대대였습니다. 그가 지휘권을 받았을 때 이 부대는 100점 중에서 최하점인 16점을 얻었습니다. 다음 감사까지 단지 30일밖에 남지 않았지만 그는 부대 수칙을 보충하고 대원들을 재훈련시켰습니다. 리더들을 계발하는 일에 최선을 다했으며 부대원들에게 방향과 목표를 제시했습니다. 그리하여 그의 부대는 마침내 감사에서 합격점을 받았습니다.

쉬바르츠코프는 군 경력 말기에 여단을 지휘할 수 있는 기회를 다시 얻게 되었지만 모든 사람들이 원치 않는 직책이었습니다. 그 부대명은 루이스 요새의 제 9보병 여단이었는데, 사람들은 그 부대를 '서커스 여단'이라고 불렀습니다. 이런 별명은 이전의 사령관이 그 부대를 운영하는 방식 때문에 생겨난 것입니다. 그는 즉시 장교들을 소집하여 새로운 우선순위를 설정하고 그들에게 사람들을 재훈련시키는 권한을 부여했습니다. 그는 대원들을 훈련시키는 지휘관들의 헌신을 약속받았고, 병사들이 그 사명을 이룰 수 있도록 준비시키는 데 자신을 헌신했습니다. 쉬바르츠코프는 자신의 특별한 리더십을 발휘하여 성공적으로 작전을 수행했으며 좋지 않은 상황을 늘 역전시켰습니다.

베드로는 선천적으로 타고난 리더가 아니라 후천적으로 만들어진 리더입니다. 베드로는 평범한 어부였는데 예수님을 만나서 그의 수제자가 되었고, 초대교회를

세우는 탁월한 리더로 성장했습니다. 이 시간에는 베드로의 리더십에 대해서 배워 보겠습니다.

1. 성장하는 리더

에디슨은 "천재는 99%의 땀과 1%의 영감으로 만들어진다."라고 했습니다. 이 말은 천재는 태어나는 것이 아니라 만들어진다는 뜻입니다. 존 맥스웰 박사도 "리더는 선천적으로 태어나는 것이 아니라 학습을 통해 후천적으로 만들어진다."라고 했습니다. 그러므로 누구든지 배우고 훈련한다면 좋은 리더로 성장할 수 있습니다.

1 베드로는 ( )하는 리더입니다.

요한복음 1:40~42 • 요한의 말을 듣고 예수를 따르는 두 사람 중의 하나는 시몬 베드로의 형제 안드레라 그가 먼저 자기의 형제 시몬을 찾아 말하되 우리가 메시아를 만났다 하고 데리고 예수께로 오니

베드로는 동생 안드레에게 전도를 받아 동생보다 늦게 신앙생활을 시작했습니다. 그런데 그의 신앙은 빠르게 성장하여 예수님의 수제자가 되었고, 나중에는 초대교회 최고의 리더로 성장했습니다. 그러므로 베드로는 성장하는 리더입니다. 베드로는 늦게 신앙생활을 한 사람도 크게 성장할 수 있다는 가능성을 보여 주었습니다.

2 베드로는 ( )하는 사람으로 변화되었습니다.

누가복음 5:5 • 시몬이 대답하여 이르되 선생님 우리들이 밤이 새도록 수고하였으되 잡은 것이 없지마는 말씀에 의지하여 내가 그물을 내리리이다 하고

베드로는 갈릴리 호수에서 밤새도록 그물을 던졌지만 한 마리의 고기도 잡지 못했습니다. 그가 물 가로 나와서 그물을 씻고 있을 때 예수님께서 "깊은 데로 가서 그물을 내려 고기를 잡으라."(눅 5:4)라고 말씀하셨습니다. 그가 이 말씀에 순종하여 그물을 내렸을 때 그물이 찢어질 정도로 많은 고기를 잡았습니다. 성질이 급하고 자기주장이 강했던 베드로가 예수님을 만나 순종의 사람으로 변했습니다.

3 베드로는 [   ]을 낚는 어부로 변했습니다.

마가복음 1:17 • 예수께서 이르시되 나를 따라오라 내가 너희로 사람을 낚는 어부가 되게 하리라 하시니

베드로는 원래 갈릴리 호수에서 고기를 잡는 어부였습니다. 그런데 예수님께서 그를 부르시면서 "사람을 낚는 어부가 되게 하리라."라는 비전을 주셨습니다. 이후로 베드로는 고기를 잡는 어부에서 영혼을 구원하는 어부로 변했습니다.

4 베드로는 [   ]의 신앙으로 성장했습니다.

마가복음 14:72 • 닭이 곧 두 번째 울더라 이에 베드로가 예수께서 자기에게 하신 말씀 곧 닭이 두 번 울기 전에 네가 세 번 나를 부인하리라 하심이 기억되어 그 일을 생각하고 울었더라

베드로는 예수님께서 로마 병정들에게 체포될 때 예수님을 세 번씩이나 부인했던 사람입니다. 기독교 전승에 의하면 그는 복음을 전하다 십자가에 거꾸로 매달려 순교한 것으로 전해집니다. 예수님을 부인했던 그는 순교자의 신앙으로 성장했습니다.

5 리더는 평생 [   ] 가 되어야 합니다.

디모데전서 4:15 • 이 모든 일에 전심전력하여 너의 성숙함을 모든 사람에게 나타나게 하라

리더는 계속해서 성장해야 합니다. 리더는 성공을 통해서만 배우는 것이 아니라 실패를 통해서도 배워야 합니다. 리더는 이 세상에서 살아가는 동안 일평생 배움을 통해 계속 성장해야 합니다.

 나눔을 위한 질문

- 베드로는 성장하는 리더입니다. 당신이 지금 성장하기 위해 노력하고 있는 것이 무엇입니까?

2. 열정적인 리더

성공하는 리더들의 공통점 중에 하나는 열정적으로 일하는 것입니다. 베드로는 열심 당원에 속한 사람으로 열정적인 리더였습니다. 베드로의 열정이 그를 좋은 리더로 만들었습니다.

1 베드로는 [   ] 리더입니다.

마태복음 14:28~29 • 베드로가 대답하여 이르되 주여 만일 주님이시거든 나를 명하사 물 위로 오라 하소서 하니 오라 하시니 베드로가 배에서 내려 물 위로 걸어서 예수께로 가되

예수님께서 한밤중에 배로 호수를 건너고 있는 제자들을 찾아오셨습니다. 다른 제자들은 예수님이 유령인 줄 알고 두려워 떨고 있었지만 베드로는 배에서 뛰어내려 물 위를 걸어 예수님께로 갔습니다. 이런 베드로의 모습에서 그가 열정적인 리더임을 알 수 있습니다.

2 베드로는 [   ]으로 말씀을 전했습니다.

사도행전 10:44~45 • 베드로가 이 말을 할 때에 성령이 말씀 듣는 모든 사람에게 내려오시니 베드로와 함께 온 할례 받은 신자들이 이방인들에게도 성령 부어 주심으로 말미암아 놀라니

베드로는 고넬료의 초청을 받고 그의 집을 방문했습니다. 그는 고넬료의 집에 모인 사람들을 향해 열정적으로 복음을 전했습니다. 이때 말씀을 듣는 모든 사람에게 성령이 임했습니다.

3 베드로의 [   ]을 소개하는 유대인의 전설이 있습니다.

어느 무더운 날 예수님께서 제자들과 함께 높은 산에 올라갔습니다. 예수님은 제자들에게 돌을 한 개씩 가져오라고 말씀하셨고, 이에 제자들은 돌을 한 개씩 준비해 왔습니다. 베드로는 예수님의 수제자답게 큰 돌을 들고 산에 올라갔습니다. 그러나 가룟 유다는 아주 작은 조약돌을 주머니에 넣고 산에 올라갔습니다.

산 정상에 도착했을 때 예수님은 제자들을 앉혀놓고 식사 기도를 했습니다. 이때 돌이 변하여 떡이 되었습니다. 베드로는 큰 돌을 가져간 덕분에 배불리 먹고도 남았지만 가룟 유다는 작은 조약돌을 가져갔기 때문에 굶주릴 수밖에 없었습니다.

4 징기스칸의 [   ]이 그를 최고의 정복자로 만들었습니다.

징기스칸은 세계 역사상 가장 넓은 영토를 점유했던 몽고 제국을 건설했습니다. 그가 세계 최고의 정복자가 될 수 있었던 것은 그에게 열정이 있었기 때문입니다. 평범한 양치기에 불과했던 징기스칸이 열정을 품게 되었을 때 세계 최고의 정복자가 되었습니다. 그러므로 좋은 리더가 되려면 열정이 있어야 합니다.

 나눔을 위한 질문

● 베드로는 열정적인 리더였습니다. 지금 당신이 가장 열정을 가지고 있는 일은 무엇입니까?

3. 칭찬받는 리더

리더가 칭찬을 받고 인정을 받게 되면 더 좋은 리더십을 발휘하게 됩니다. 그러므로 리더에게도 칭찬이 필요합니다. 베드로는 예수님의 수제자로서 다른 제자들보다 예수님께 칭찬을 받고 인정을 받은 리더였습니다.

1 예수님께서 제자들에게 중요한 ( ) 을 했습니다.

마태복음 16:13 • 예수께서 빌립보 가이사랴 지방에 이르러 제자들에게 물어 이르시되 사람들이 인자를 누구라 하느냐

예수님께서 제자들과 가이사랴 빌립보 지방을 방문했을 때 제자들에게 "사람들이 나를 누구라고 하느냐?"라고 물었습니다. 그러자 제자들은 "어떤 사람은 세례 요한이라 하고, 어떤 사람은 엘리야라고 하고, 또 어떤 사람은 예레미야나 선지자 중에 하나라고 말하나이다."(마 16:14)라고 대답했습니다.

2 예수님의 질문에 훌륭하게 대답한 사람은 ( ) 입니다.

마태복음 16:16 • 시몬 베드로가 대답하여 이르되 주는 그리스도시요 살아 계신 하나님의 아들이시니이다

베드로는 예수님을 그리스도(Christ), 다시 말해서 메시아(Messiah)가 되시고 하나님의 아들이 되신다고 고백했습니다. 당시 유대인들은 예수님을 메시아로 인정하지 않았고 하나님의 아들로도 인정하지 않았습니다. 그러므로 베드로가 "주는 그리스도시요 살아계신 하나님의 아들이시니이다."라고 고백한 것은 아주 훌륭한 고백입니다.

3 예수님께서 베드로를 ( ) 하셨습니다.

마태복음 16:18 • 또 내가 네게 이르노니 너는 베드로라 내가 이 반석 위에 내 교회를 세우리니 음부의 권세가 이기지 못하리라

예수님은 베드로에게 "내가 이 반석 위에 내 교회를 세우겠다."라고 칭찬해 주셨습니다. 이 말씀을 카톨릭 교회에서는 '베드로라는 사람 위에' 교회를 세웠다고 해석하여 베드로를 초대 교황으로 간주합니다. 그러나 이 말씀을 개신교 교회에서는 '베드로가 고백한 신앙고백 위에' 교회를 세우겠다는 말씀으로 해석하여 베드로의 신앙고백으로 간주합니다. 따라서 우리도 베드로처럼 주님을 바로 알고 바르게 고백할 수 있어야 합니다. 그래야 칭찬받는 성도가 될 수 있습니다.

4 이단은 잘못된 신앙과 교리 위에 세워진 교회로 ( ) 해야 합니다.

이단(異端)은 잘못된 신앙과 교리 위에 세워졌기 때문에 건강한 교회가 될 수 없습니다. 오늘날 신천지와 하나님의 교회와 여호와의 증인은 대표적인 이단입니다. 이단 교회를 다니는 성도들은 예배, 헌금, 전도, 봉사에 참여할 때 일반교회 성도들보다 네 배 이상 헌신한다고 합니다. 하지만 이단 교회를 다니는 성도들은 잘못된 신앙과 교리를 믿기 때문에 하나님께 칭찬받을 수가 없습니다. 그러므로 건강한 교회에서 올바른 신앙과 교리를 배우는 것이 중요합니다.

나눔을 위한 질문

● 베드로는 칭찬받는 리더였습니다. 당신이 하나님과 사람들에게 칭찬받을 만한 일이 무엇입니까?

맥스웰의 15가지 성장 법칙을 리더에게 적용하기
의도성의 법칙과 베드로의 성장

인간에게는 무한한 잠재력과 가능성이 있습니다. 그런데 자신의 가능성을 세상에 펼치기 위해서는 성장이 필요합니다. 자기계발 컨설턴트인 커트 캠프마이어(Curt Kampmeier)는 "성공은 성장에 달려있다."라고 했습니다. 그러므로 성공하려면 성장하는 일에 집중해야 하고, 성장 의도를 갖는 것이 중요합니다. 의도를 가지면 더 빨리 성장할 수 있기 때문입니다. 이것이 바로 의도성의 법칙입니다.

변화를 일으키는 첫 번째 방법은 '지금 중요한 질문을 던지는 것'입니다. 맥스웰 박사는 40년 전에 성장 여행을 시작하면서 다음과 같은 질문을 했습니다. "인생에서 어디로 가고 싶은가?", "어느 방향으로 가고 싶은가?", "갈 수 있는 가장 먼 곳은 어디인가?" 맥스웰 박사는 이 물음에 답하면서 성장 여행을 시작했습니다. 우리가 인생에서 바랄 수 있는 최선은 자신이 받은 것을 최대한 활용하는 것입니다. 자신에게 투자해서 가능한 최고의 인간이 되기 위해서 성장에 온 힘을 기울여야 합니다.

변화를 일으키는 두 번째 방법은 '우연한 성장에서 의도적 성장으로 전환하는 것'입니다. 사람들은 살아가면서 편한 습관에 빠져 벗어나려 하지 않고, 익숙한 것에 맞춰서 그럭저럭 살고 싶어 합니다. 하지만 인생이 그렇게 굴러가도록 내버려 두면 안됩니다. 어떻게 하면 자신이 타성에 젖어 있는지 알 수 있을까요?

우연한 성장과 의도적 성장의 차이를 살펴보면 됩니다. 우연한 성장은 내

일 시작하기로 하지만 의도적 성장은 무조건 오늘 시작합니다. 우연한 성장은 실수하고 나서야 배웁니다. 그러나 의도적 성장은 실수하기 전에 배웁니다. 우연한 성장은 행운에 의지합니다. 그러나 의도적 성장은 노력에 의지합니다. 우연한 성장은 졸업 후에 배움을 멈추지만 의도적 성장은 절대로 성장을 멈추지 않습니다.

자신의 잠재력을 발견하고 타고난 참모습에 이르려면 성장하느냐 못하느냐에 미래가 걸렸다는 심정으로 어떻게든 성장 기회를 잡으려고 노력해야 합니다.

의도성의 법칙 적용하기

법칙 1

의도성의 법칙을 읽고 당신이 깨달은 것을 나누어 보세요.

법칙 2

베드로는 예수님을 만난 후에 고기를 잡는 어부에서 사람을 낚는 어부로 변했습니다. 그리고 예루살렘 교회의 최고 지도자가 되었습니다. 의도성의 법칙에 근거하여 베드로가 리더로 성장하는 데 영향을 준 것이 무엇인지를 나누어 보세요.

적용과 기도

 베드로는 성장하는 리더, 열정적인 리더, 칭찬받는 리더였습니다. 이 시간에 베드로의 리더십을 공부하면서 당신이 배운 것과 깨달은 것이 무엇인지를 나누어 보세요.

 베드로와 같은 리더가 되기 위해서 당신이 결심한 것이 무엇인지를 나누어 보세요.

 베드로와 같은 리더가 되기 위해서 함께 기도합시다.

02. 사도 바울

전도에 주력하는 리더

02. 사도 바울 : 전도에 주력하는 리더

사도행전 9:1~9

1 사울이 주의 제자들에 대하여 여전히 위협과 살기가 등등하여 대제사장에게 가서

2 다메섹 여러 회당에 가져갈 공문을 청하니 이는 만일 그 도를 따르는 사람을 만나면 남녀를 막론하고 결박하여 예루살렘으로 잡아오려 함이라

3 사울이 길을 가다가 다메섹에 가까이 이르더니 홀연히 하늘로부터 빛이 그를 둘러 비추는지라

4 땅에 엎드러져 들으매 소리가 있어 이르시되 사울아 사울아 네가 어찌하여 나를 박해하느냐 하시거늘

5 대답하되 주여 누구시니이까 이르시되 나는 네가 박해하는 예수라

6 너는 일어나 시내로 들어가라 네가 행할 것을 네게 이를 자가 있느니라 하시니

7 같이 가던 사람들은 소리만 듣고 아무도 보지 못하여 말을 못하고 서 있더라

8 사울이 땅에서 일어나 눈은 떴으나 아무 것도 보지 못하고 사람의 손에 끌려 다메섹으로 들어가서

9 사흘 동안 보지 못하고 먹지도 마시지도 아니하니라

 **생각 열기**   사도 바울을 생각할 때 가장 먼저 떠오르는 단어가 무엇입니까?

예화 속으로 윈스턴 처칠(Winston Churchill)은 60대까지 군인으로서, 작가로서, 정치가로서 다른 사람들을 이끄는 정도에 불과했던 사람입니다. 그런데 제2차 세계대전은 그가 위대한 지도자로 떠오를 수 있는 좋은 기회를 제공했습니다. 전쟁이 끝나자 그를 따르던 사람들은 그를 수상으로 추대했습니다. 처칠은 절묘한 타이밍을 만나 영국 수상이 되었습니다. 그는 다음과 같이 말했습니다.

"각 사람이 태어나는 순간 모든 사람의 생애에 특별한 순간이 있습니다. 사람들이 그 특별한 기회를 붙잡았을 때 그는 사명을 이룰 수 있습니다. 모든 사람은 사명으로 독특하게 구별되어 있습니다. 기회의 순간에 각 사람은 그 위대한 것을 발견할 수 있습니다. 그때가 그의 가장 멋진 시간입니다."

사도 바울은 기독교인들을 핍박하던 일에 앞장섰던 사람입니다. 그런데 어느 날 다메섹으로 가던 도중에 예수님을 만나 그의 인생이 180°로 변하게 되었습니다. 다메섹 사건은 핍박자 사울이 전도자 바울로 변화되는 절묘한 타이밍(Timing)이 되었습니다. 이 시간에는 사도 바울의 리더십에 대해서 배워 보겠습니다.

1. 영적 체험이 있는 리더

기독교를 '체험의 종교'라고 부를 정도로 기독교에서 체험이 차지하는 비중이 큽니다. 사도 바울이 최고의 전도자가 될 수 있었던 것은 그가 예수님을 만나는 영적 체험을 했기 때문입니다. 그러므로 예수님을 체험할 때 좋은 리더가 될 수 있습니다.

1 사도 바울은 교회를 핍박하는 일에 [   ] 섰던 사람입니다.

사도행전 8:3 • 사울이 교회를 잔멸할새 각 집에 들어가 남녀를 끌어다가 옥에 넘기니라

사도 바울은 베냐민 지파 출신이고 바리새파에 속한 정통 유대인이며, 가말리엘이라는 유명한 학자 밑에서 공부한 엘리트입니다. 그는 하나님을 열심히 믿었지만 '예수님이 하나님의 아들이라는 것과 예수님이 그리스도라는 것'을 결코 인정하지 않았습니다. 사도 바울이 스데반 집사가 돌에 맞아 순교하는 현장에 있었던 것을 보면 그가 교회를 핍박하는 일에 앞장섰던 사람임을 알 수 있습니다.

2 사도 바울은 예수님을 만나는 [   ]을 했습니다.

사도행전 9:5 • 대답하되 주여 누구시니이까 이르시되 나는 네가 박해하는 예수라

사도 바울이 기독교인들을 체포하기 위해 다메섹으로 가던 중에 갑자기 하늘로부터 큰 빛이 자기를 향해 비추었고, 그 순간 그는 땅바닥에 엎드러졌습니다. 이때 사도 바울은 "사울아 사울아 어찌하여 네가 나를 박해하느냐."(행 9:4) 라는 예수님의 음성을 듣게 되었습니다. 이것이 사도 바울이 예수님을 만나는 영적 체험의 순간입니다.

3 사도 바울은 안수를 받은 후에 몸이 [   ] 되었습니다.

사도행전 9:18~19 • 즉시 사울의 눈에서 비늘 같은 것이 벗어져 다시 보게 된지라 일어나 세례를 받고 음식을 먹으매 강건하여지니라 사울이 다메섹에 있는 제자들과 함께 며칠 있을새

사도 바울은 예수님을 만난 후 앞을 볼 수 없게 되어 사람들의 손에 이끌려 다메섹으로 들어갔습니다. 거기서 사흘 동안 아무 것도 보지도 먹지도 못한 채 시간을 보냈습니다. 이때 주님은 아나니아를 통해 사도 바울의 눈을 뜨게 해 주셨고 사도 바울은 음식을 먹은 후에 건강을 되찾았습니다.

4 사도 바울은 핍박자에서 전도자로 [   ] 되었습니다.

사도행전 9:22 • 사울은 힘을 더 얻어 예수를 그리스도라 증언하여 다메섹에 사는 유대인들을 당혹하게 하니라

사도 바울은 다메섹으로 가던 도중에 부활하신 예수님을 만나면서 예수님을 하나님의 아들로 확신하게 되었습니다. 이때부터 사도 바울은 예수가 그리스도이심을 증거하는 전도자가 되었습니다.

 나눔을 위한 질문

• 사도 바울은 다메섹으로 가던 도중에 예수님을 만나 변화되었습니다. 당신은 언제 주님을 만나 새로운 삶을 살게 되었습니까?

2. 전도에 최선을 다하는 리더

사도 바울은 전도에 최선을 다하는 리더였습니다. 사도 바울의 전도 열정으로 이방 지역에 수많은 교회들이 세워졌습니다. 그리고 수많은 성도들이 예수님을 믿게 되었습니다.

1 사도 바울은 예수님은 만난 후에 (　　　　　) 전도를 했습니다.

> 사도행전 9:19~20 • 음식을 먹으매 강건하여지니라 사울이 다메섹에 있는 제자들과 함께 며칠 있을새 즉시로 각 회당에서 예수가 하나님의 아들이심을 전파하니

사도 바울은 예수님을 만난 후에 즉시 회당에 가서 예수님이 하나님의 아들이라고 증거했습니다. 전도는 교회를 오랫동안 다닌 사람들만 할 수 있는 것이 아닙니다. 전도는 교회를 처음 나온 사람도 얼마든지 할 수 있습니다. 사도 바울처럼 초신자가 전도를 더 잘할 수도 있습니다.

2 사도 바울은 자기를 신으로 섬기려는 이들을 (　　　　　) 했습니다.

> 사도행전 14:18 • 이렇게 말하여 겨우 무리를 말려 자기들에게 제사를 못하게 하니라

사도 바울이 1차 전도 여행 때 루스드라에서 앉은뱅이를 고치는 기적을 일으켰습니다. 그러자 사람들이 그를 신으로 섬기려 했습니다. 이런 상황은 그의 교만함을 자극하기에 충분했습니다. 하지만 사도 바울은 겸손하게 "우리도 여러분과 같은 성정을 가진 사람"이라고 말하면서 그들의 행동을 만류했습니다.

3 사도 바울은 고난 중에도 전도에 [   ]을 다했습니다.

사도행전 14:20~21 • 제자들이 둘러섰을 때에 바울이 일어나 그 성에 들어갔다가 이튿날 바나바와 함께 더베로 가서 복음을 그 성에서 전하여 많은 사람을 제자로 삼고 루스드라와 이고니온과 안디옥으로 돌아가서

사도 바울이 루스드라에서 전도할 때 적대자들은 그를 돌로 쳤습니다. 그들은 바울이 죽은 줄로 알고 성 밖에 버렸습니다. 그런데 다음 날 사도 바울은 이런 몸으로 더베에 가서 또 전도를 했습니다. 이런 모습에서 그가 고난 중에도 굴하지 않고 최선을 다해 전도하는 사람임을 알 수 있습니다.

4 사도 바울은 [   ] 순간까지 전도에 최선을 다했습니다.

디모데후서 4:7 • 나는 선한 싸움을 싸우고 나의 달려갈 길을 마치고 믿음을 지켰으니

사도 바울은 마지막 순간까지 믿음을 지키기 위해서 영적 싸움을 하고, 자기의 사명을 위해 끝까지 달려갔습니다. 그는 마지막 순간까지 최선을 다해 복음을 전했습니다. 사도 바울의 전도 열정에 힘입어 이방 지역에 수많은 교회가 세워졌습니다.

5 전도는 나중으로 미루어서는 안되는 [   ] 일입니다.

로마서 1:16 • 내가 복음을 부끄러워하지 아니하노니 이 복음은 모든 믿는 자에게 구원을 주시는 하나님의 능력이 됨이라 먼저는 유대인에게요 그리고 헬라인에게로다

어떤 목사가 동네 세탁소 사장을 전도하기로 작정하고 세탁소를 자주 이용했습니다. 그는 세탁소 사장을 전도 대상자로 정하고 전도 축제에 초대하려고 했습니다. 그는 세탁소 사장과 교제를 나누면서 전도할 좋은 기회를 기다렸습니다. 그런데 어느 날 그가 세상을 떠났다는 소식을 들었습니다. 결국 이 목사는 전도를 뒤로 미루다 전도의 기회를 놓치고 말았습니다.

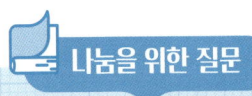 나눔을 위한 질문

- 당신이 전도하려고 기도하고 있는 전도 대상자는 누구입니까?

3. 교회와 사역자를 세우는 리더

좋은 리더는 교회와 사역자를 세우는 데 비전을 두어야 합니다. 담임목사가 없어도 교회가 흔들리지 않기 위해서는 좋은 사역자가 있어야 합니다. 사도 바울이 교회와 사역자를 세우는 리더였기 때문에 그가 개척한 교회마다 견고하게 세워질 수 있었습니다.

1 사도 바울은 좋은 사역자가 되기 위해서 〔   〕을 받았습니다.

갈라디아서 1:17 • 또 나보다 먼저 사도 된 자들을 만나려고 예루살렘으로 가지 아니하고 아라비아로 갔다가 다시 다메섹으로 돌아갔노라 사도 바울은 다메섹에서 예수님을 만난 후 아라비아 사막에서 3년 동안 훈련을 받았습니다. 훈련을 마친 후에 그는 본격적으로 사역을 시작했습니다.

2 사도 바울의 핵심 사역은 이방 지역에 교회를 [   ] 하는 것입니다.

사도행전 21:19~20 • 바울이 문안하고 하나님이 자기의 사역으로 말미암아 이방 가운데서 하신 일을 낱낱이 말하니 그들이 듣고 하나님께 영광을 돌리고 바울더러 이르되 형제여 그대도 보는 바에 유대인 중에 믿는 자 수만 명이 있으니 다 율법에 열성을 가진 자라

사도 바울은 3차 전도 여행을 마치고 돌아와서 예루살렘교회 지도자들에게 선교 결과를 보고했습니다. 그가 이방 지역에 많은 교회를 개척하고, 많은 이방인 회심자들을 얻게된 것을 보고할 때 사도들은 하나님께 영광을 돌렸습니다. 사도 바울은 교회를 개척하는 데 특별한 사명과 재능이 있었습니다.

3 사도 바울은 교회를 개척한 후에 훈련된 사역자에게 [   ] 를 맡겼습니다.

디모데후서 2:2 • 또 네가 많은 증인 앞에서 내게 들은 바를 충성된 사람들에게 부탁하라 그들이 또 다른 사람들을 가르칠 수 있으리라

교회를 개척한 사람이 교회를 떠나기 전에 교회를 이끌어갈 사역자를 세우지 않는다면 그 교회는 어려움을 당하게 될 것입니다. 사도 바울은 교회를 개척한 후에 사역자들을 훈련하여 그들에게 교회를 맡겼고 그들에 의해 교회가 든든히 세워졌습니다.

4 선교사에게는 현지 사역자를 [   ] 일이 가장 중요합니다.

터키는 국민의 99.8%가 이슬람교를 믿습니다. 2020년 기준으로 터키에는 약 170여 개의 교회와 5,300여 명의 기독교인이 있습니다. 터키 인구가 8,300만 명인 점을 고려한다면 5,300명이란 숫자가 얼마나 적은 숫자인지 알 수 있습니다.

20년 동안 터키 선교사로 헌신해온 선교사의 비전은 '현지 목회자를 양성하는 일'이라고 했습니다. 터키 교회가 자립하고 성장하려면 그 길이 최선이라는 것입니다. 우리나라에 파송된 선교사들이 신학교를 세우고 현지 목회자를 세우는 일에 헌신했기 때문에 우리나라가 빨리 복음화될 수 있었던 것처럼 말입니다.

 나눔을 위한 질문

- 사도 바울은 교회와 사역자를 세우는 리더였습니다. 당신이 사역자가 되기 위해서 받은 최고의 훈련은 무엇입니까?

> 존 맥스웰

저는 혼자서는 지금 제가 만들어 내는 이상의 자료를 만들어 낼 수 없습니다. 저는 혼자서는 지금 제가 지도하는 사람들 이상을 지도할 수 없습니다. 저는 혼자서는 지금 제가 하고 있는 이상으로 여행하며 컨퍼런스를 인도할 수 없습니다. 저는 아주 활력이 넘치는 사람이지만 제가 감당할 수 있는 육체적 한계점에 이미 도달했습니다. 지금부터 제가 할 수 있는 일은 다른 사람들을 통해서만 할 수 있습니다. 어떤 지도자든 이 귀중한 지혜를 배워 이 지혜를 자신의 인생철학으로 삼고 살아간다면 그의 삶은 다시는 높은 벽에 부딪치지 않게 될 것입니다.

맥스웰의 15가지 성장 법칙을 리더에게 적용하기
공헌의 법칙과 사도 바울의 리더십

　맥스웰 박사가 40년 전에 성장에 관심을 갖기 시작했을 때에는 오로지 성장해서 성공하겠다는 이기적인 생각뿐이었습니다. 하지만 시간이 흐르면서 그는 "내가 성장하면 다른 사람들에게도 성장의 문이 열린다."는 것을 깨달았습니다. 이것이 공헌의 법칙입니다.

　살아가면서 다른 사람을 돕고 큰 공헌을 하려면 어떻게 해야 할까요? 저수지가 아닌 강이 되기 위해 노력해야 합니다. 강은 계속해서 흐릅니다. 물이 들어오면 강은 그대로 내보냅니다. 우리도 그런 자세로 배우고 성장해야 합니다. 올바른 자세로 성장에 매진할 경우 결핍을 경험하는 일이 없고 오히려 늘 나눠줄 것이 생기게 될 것입니다.

　지미 카터 미국 대통령(39대)이 다음과 같이 말했습니다. "내 인생은 한 번뿐이고 그것을 의미 있게 살 기회도 한 번뿐이다. 내 신념은 언제 어디서든 영향력을 발휘할 일이 있으면 시간이 허락하는 한 그게 무엇이든 최선을 다하라고 요구한다."

　맥스웰 박사의 멘토인 짐 론은 40여 년 동안 사람들의 자기계발을 도우면서 20권이 넘는 책을 쓰고 6천 번이 넘는 강연을 했으며 약 500만 명의 성장을 이끌었습니다. 그 와중에도 짐은 결코 배우고 성장하기를 멈춘 적이 없었다고 합니다. 짐이 그토록 많은 사람들의 성장을 도울 수 있었던 비결이 무엇일까요? 또 그렇게 많은 사람이 저명한 스승과 멘토가 될 수 있게 도와준 비결은 무엇일까요? 그것은 바로 끊임없는 자기계발입니다.

짐은 자신이 성장하면 다른 사람들을 성장시킬 수 있다는 것을 알았습니다. 한마디로 그는 공헌의 법칙에 따라 살았던 것입니다. 그러므로 당신의 인생이 다른 사람과 미래 세대를 위해 찬란하게 타오르기를 바란다면 계속 성장하기를 바랍니다.

맥스웰 박사는 책을 마무리하면서 세 가지를 당부했습니다. 하루 5분, 그날의 일과를 되돌아보십시오. 하루 10분, 다음 날의 계획을 세우십시오. 하루 15분, 마음속의 꿈을 재확인하십시오.

공헌의 법칙 적용하기

법칙 1

공헌의 법칙을 읽고 당신이 깨달은 것을 나누어 보세요.

법칙 2

기독교인들을 핍박하던 일에 앞장섰던 사도 바울이 다메섹 도상에서 예수님을 만난 후 탁월한 전도자가 되었습니다. 공헌의 법칙에 근거하여 사도 바울이 리더로 성장하는 데 영향을 준 것이 무엇인지를 나누어 보세요.

적용과 기도

사도 바울은 영적 체험이 있는 리더, 전도에 최선을 다하는 리더, 교회와 사역자를 세우는 리더였습니다. 이 시간에 사도 바울의 리더십을 공부하면서 당신이 배운 것과 깨달은 것이 무엇인지를 나누어 보세요.

사도 바울과 같은 리더가 되기 위해서 당신이 결심한 것이 무엇인지를 나누어 보세요.

사도 바울과 같은 리더가 되기 위해서 함께 기도합시다.

03. 바나바

인격과 실력을 겸비한 리더

03. 바나바 : 인격과 실력을 겸비한 리더

사도행전 9:26~31

26 사울이 예루살렘에 가서 제자들을 사귀고자 하나 다 두려워하여 그가 제자됨을 믿지 아니하니

27 바나바가 데리고 사도들에게 가서 그가 길에서 어떻게 주를 보았는지와 주께서 그에게 말씀하신 일과 다메섹에서 그가 어떻게 예수의 이름으로 담대히 말하였는지를 전하니라

28 사울이 제자들과 함께 있어 예루살렘에 출입하며

29 또 주 예수의 이름으로 담대히 말하고 헬라파 유대인들과 함께 말하며 변론하니 그 사람들이 죽이려고 힘쓰거늘

30 형제들이 알고 가이사랴로 데리고 내려가서 다소로 보내니라

31 그리하여 온 유대와 갈릴리와 사마리아 교회가 평안하여 든든히 서 가고 주를 경외함과 성령의 위로로 진행하여 수가 더 많아지니라

 바나바를 생각할 때 가장 먼저 떠오르는 단어가 무엇입니까?

 리더십 세미나에서 강사가 "자신이 리더라고 생각하는 사람은 손을 들어보세요."라고 질문을 했습니다. 이때 그곳에 모인 300여 명의 사람들 중에 손을 드는 사람은 거의 없었습니다. 강사는 "자기를 따르는 직원이나, 학생이나, 자녀나, 후배가 있는 사람은 손을 들어보세요."라고 다시 질문을 하자 이번에는 대부분의 사람들이 손을 들었습니다. 이때 강사가 다음과 같이 말했습니다.

"리더에 대한 사람들의 생각은 주로 권력(Power)을 가진 사람인데, 사실은 따라오는 사람(Follower)이 있는 사람이 리더입니다." 강사는 누군가 자신을 따르는 사람이 있다면 그 사람이 곧 리더임을 강조했습니다. 그러면서 강사는 또 한 가지 사실을 강조했습니다. "자신이 리더라고 주장해도 사람들이 그를 따르지 않는다면 그 사람은 리더가 아닙니다."

결국 리더는 내가 되고 싶다고 해서 되는 것이 아니라 다른 사람들이 따라줄 때 리더가 될 수 있습니다. 그러므로 다른 사람을 따르게 하는 것이 바로 리더의 능력이고, 리더십(Leadership)입니다.

◇◇◇◇◇

바나바는 좋은 인격과 성품으로 사람들을 따르게 하는 능력이 있었습니다. 그의 이런 인격과 성품은 예루살렘 교회 지도자들을 설득하여 사도 바울에게 사역의 길을 열어주는 데 중요한 역할을 했습니다. 이 시간에는 바나바의 리더십에 대해서 배워 보겠습니다.

1. 배려하는 마음을 가진 리더

사도 바울은 다메섹에서 예수님을 만나는 체험을 통해 새로운 사람으로 변화되었습니다. 하지만 당시 예루살렘 교회 지도자들은 사도 바울을 여전히 두려워했고, 그가 주님의 제자가 된 것을 믿으려고 하지도 않았습니다. 이런 상황에서 사도 바울이 사역할 수 있도록 도와준 사람이 바나바입니다. 바나바는 남을 배려하는 마음을 가진 리더입니다.

1 바나바는 사도 바울을 [　　　　　　]해 주었습니다.

사도행전 9:26~27 • 사울이 예루살렘에 가서 제자들을 사귀고자 하나 다 두려워하여 그가 제자됨을 믿지 아니하니 바나바가 데리고 사도들에게 가서 그가 길에서 어떻게 주를 보았는지와 주께서 그에게 말씀하신 일과 다메섹에서 그가 어떻게 예수의 이름으로 담대히 말하였는지를 전하니라

바나바는 어려움에 처한 사도 바울과 함께 사도들을 찾아갔습니다. 바나바는 사도 바울이 어떻게 예수님을 만나게 되었는지와 그에게 어떤 변화가 일어났는지를 변호하면서 그가 사역할 수 있도록 사도들을 설득했습니다. 이런 바나바의 노력에 힘입어 사도 바울이 사역할 수 있게 되었습니다.

2 바나바는 사도 바울이 전도할 수 있도록 [　　　　　　]을 주었습니다.

사도행전 9:28~29 • 사울이 제자들과 함께 있어 예루살렘에 출입하며 또 주 예수의 이름으로 담대히 말하고 헬라파 유대인들과 함께 말하며 변론하니

바나바가 사도들에게 변호해 준 덕분에 사도 바울이 사도들에게 인정을 받게 되었고 그가 예루살렘에 출입하면서 전도를 할 수 있게 되었습니다.

3 교회 안에 바나바와 같은 (   )가 필요합니다.

사도행전 9:27 • 바나바가 데리고 사도들에게 가서 그가 길에서 어떻게 주를 보았는지와 주께서 그에게 말씀하신 일과 다메섹에서 그가 어떻게 예수의 이름으로 담대히 말하였는지를 전하니라

바나바 사역은 교회에 등록한 새가족이 교회에 정착할 수 있도록 돕는 사역입니다. 주일에 새가족이 교회에 오면 바나바는 기다렸다가 환영해 주고, 함께 예배하고, 함께 식사하고, 함께 차를 마시면서 새가족을 잘 섬겨야 합니다. 바나바는 기존 성도와 새가족을 연결시켜 주는 교량과 같은 역할을 담당합니다. 바나바가 성실히 사역할 때 새가족이 교회에 잘 정착하게 될 것입니다.

 나눔을 위한 질문

● 바나바는 남을 배려하는 마음을 가지고 있었습니다. 당신에게는 남을 배려하는 마음이 얼마나 있습니까? 교회에 새가족이 왔을 때 당신은 새가족에게 어떤 배려를 하고 있습니까?

2. 성령과 믿음이 충만한 리더

원래 바나바는 상당한 재력(財力)이 있는 사람입니다. 바나바는 예루살렘 교회가 시작될 때 자기의 밭을 팔아 그 값을 사도들에게 바치기도 했습니다(행 4:32~37). 성경은 바나바가 부자라는 것보다 성령과 믿음이 충만하다는 것을 강조합니다.

1 바나바는 성령과 믿음이 [   ]한 사람입니다.

사도행전 11:24 • 바나바는 착한 사람이요 성령과 믿음이 충만한 사람이라 이에 큰 무리가 주께 더하여지더라

바나바가 '성령과 믿음이 충만한 사람'이었기 때문에 사도들과 성도들에게 인정을 받았습니다. 이런 바나바로 인하여 초대 교회가 점점 부흥하게 되었습니다.

2 사도 바울은 [   ]으로 충만함을 받으라고 권면했습니다.

에베소서 5:18 • 술 취하지 말라 이는 방탕한 것이니 오직 성령으로 충만함을 받으라

사도 바울은 에베소 교회 성도들에게 술에 취하는 것은 방탕한 것이니 "술에 취하지 말고 성령 충만을 받으라."라고 권면했습니다. 성령 충만해야 좋은 리더가 될 수 있습니다.

3 성령 충만은 성령의 강한 [   ]를 받는 상태입니다.

사도행전 2:4 • 그들이 다 성령의 충만함을 받고 성령이 말하게 하심을 따라 다른 언어들로 말하기를 시작하니라

예수님께서 승천하신 후 120명의 성도들이 마가 다락방에 모여서 기도할 때 그곳에 성령이 임했습니다. 그들은 모두 다 성령의 충만함을 받았고 그 결과 방언을 했습니다. 성령 충만의 뜻은 성령의 지배를 받는 상태입니다. 술에 취

하면 술의 지배를 받는 것처럼 성령 충만하면 성령의 지배를 받습니다.

4 믿음이 충만하다는 것은 믿음이 [   ]는 것입니다.

마태복음 15:28 • 이에 예수께서 대답하여 이르시되 여자여 네 믿음이 크도다 네 소원대로 되리라 하시니 그 때로부터 그의 딸이 나으니라

예수님께서 길을 가실 때에 가나안 여자가 다가와서 귀신 들린 딸을 고쳐달라고 외쳤습니다. 이때 예수님은 한 말씀도 하지를 않았습니다. 가나안 여자가 계속 큰 소리로 외쳤지만 예수님은 그녀의 외침을 계속 무시했습니다. 그럼에도 불구하고 그녀가 포기하지 않고 계속 도움을 청할 때에 예수님께서 "네 믿음이 크도다."라고 칭찬해 주셨습니다. 그리고 그녀의 딸의 병을 고쳐 주셨습니다. 믿음이 충만하다는 것은 믿음이 크다는 것입니다. 믿음이 클 때 기적이 일어납니다.

 나눔을 위한 질문

- 바나바는 성령과 믿음이 충만한 리더였습니다. 당신이 성령과 믿음이 충만한 리더가 되기 위해서 필요한 것이 무엇입니까?

3. 인격과 실력을 겸비한 리더

바나바가 크게 쓰임 받을 수 있었던 것은 그가 인격과 실력을 갖춘 리더였기 때문입니다. 리더가 인격과 실력을 겸비할 때 좋은 리더가 될 수 있고 하나님께 쓰임 받을 수 있습니다.

1 바나바는 (   ) 사람입니다.

> 사도행전 11:24 • 바나바는 착한 사람이요 성령과 믿음이 충만한 사람이라 이에 큰 무리가 주께 더하여지더라

성경은 바나바를 착한 사람이라고 소개합니다. 이런 바나바의 착한 성품 때문에 믿지 않는 사람들도 바나바를 좋아하게 되었고, 이방에 세워진 안디옥 교회도 부흥하게 되었습니다. 사도 바울은 1차 전도 여행 도중에 중도 하차한 마가를 다시는 전도 여행에 데려가지 않기로 작정했습니다. 그러나 마가의 실수를 용서하고 그를 2차 전도 여행에 데려가려고 애쓰는 바나바의 모습에서 그의 착한 마음을 엿볼 수 있습니다.

2 바나바는 사도 바울과 결별하면서까지도 마가를 (   ) 품어 주었습니다.

> 사도행전 15:39~41 • 서로 심히 다투어 피차 갈라서니 바나바는 마가를 데리고 배 타고 구브로로 가고 바울은 실라를 택한 후에 형제들에게 주의 은혜에 부탁함을 받고 떠나 수리아와 길리기아로 다니며 교회들을 견고하게 하니라

바나바와 사도 바울은 2차 전도 여행에 마가를 데려가는 문제 때문에 갈등하다가 결국 갈라서게 되었습니다. 그 결과 사도 바울은 실라를 데리고 전도 여

행을 떠났고, 바나바는 마가를 데리고 전도 여행을 떠났습니다. 바나바는 사도 바울과의 결별을 감수하면서까지 젊고 경험이 부족한 마가를 품어주려고 노력했습니다.

3 바나바는 [   ]을 갖춘 리더입니다.

사도행전 9:27 • 바나바가 데리고 사도들에게 가서 그가 길에서 어떻게 주를 보았는지와 주께서 그에게 말씀하신 일과 다메섹에서 그가 어떻게 예수의 이름으로 담대히 말하였는지를 전하니라

바나바는 사도 바울의 회심을 누구보다 먼저 인정해 준 사람입니다. 바나바에게는 사람의 마음을 꿰뚫어 보는 통찰력이 있었습니다. 바나바는 사도 바울에게 사역의 길을 열어주기 위해서 사도들을 설득했습니다. 이것은 보통의 능력이 아니면 할 수 없는 일입니다. 바나바는 이방 선교의 중심적인 역할을 담당했던 안디옥 교회를 사도 바울과 함께 섬기면서 교회를 부흥시켰습니다. 그리고 사도 바울과 1차 전도 여행을 성공적으로 수행했습니다. 이런 점에서 바나바는 실력을 갖춘 리더입니다.

4 인격과 실력을 〔   〕할 때 좋은 리더가 될 수 있습니다.

한 홍 목사는 『칼과 칼집』이라는 책에서 "리더는 인격과 실력을 갖춰야 한다."라고 말했습니다. 칼이 실력이라면 칼집은 인격입니다. 아무리 훌륭한 칼이라 해도 칼을 보관할 칼집이 변변치 않으면 칼이 제값을 다하지 못하게 됩니다. 또한 아무리 칼집이 훌륭하더라도 그 속에 있는 칼이 변변치 않다면 칼집은 제값을 못하게 될 것입니다. 리더가 아무리 실력이 좋아도 인격이 부족하면 리더의 역할을 제대로 감당하지 못합니다. 리더가 아무리 인격이 좋아도 실력이 없으면 리더의 역할을 제대로 감당하지 못할 것입니다. 그러므로 인격과 실력을 겸비할 때 좋은 리더가 될 수 있습니다.

 나눔을 위한 질문

- 바나바는 인격과 실력을 겸비한 리더였습니다. 당신은 인격과 실력을 갖춘 리더입니까? 당신은 이 둘 중에서 어느 쪽이 강하다고 생각합니까?

로버트 우드럽

1923년부터 1955년까지 코카콜라 회사 사장을 지낸 로버트 우드럽은 재직 당시 담대히 선언했습니다. "우리는 미국 군인들이 가는 곳이면 어디에서나 코카콜라 한 병을 5센트에 살 수 있게 할 것이며, 이 일을 위해서라면 어떤 대가라도 치를 것입니다." 2차 대전이 끝난 후 우드럽은 자신이 생존해 있는 동안 세계 모든 사람이 코카콜라를 맛보게 하고 싶다고 말했습니다. 우드럽은 비전의 사람으로 주도면밀한 사업 계획과 집요한 노력으로 마침내 자기 세대에 전 세계에 코카콜라를 보급하게 되었습니다.

맥스웰의 15가지 성장 법칙을 리더에게 적용하기
사다리의 법칙과 바나바의 성장

제임스 쿠제스(James Kouzes)와 배리 포스너(Barry Posner) 교수는 25년 이상 여러 조직의 리더를 연구했습니다. 연구진은 사람들에게 "리더가 당연히 갖춰야 할 가치관이나 특징, 성품은 무엇이라고 생각합니까?"라고 물었습니다. 또한 그들은 지금까지 전 세계의 7만 5천 명이 넘는 사람들에게 '존경받는 리더의 성품'이라는 설문 조사를 실시했습니다. 두 사람에 따르면 "그 결과는 지난 세월 동안 놀랄 만큼 일관성이 있었고 인구 구성, 조직, 문화가 달라도 결과는 크게 다르지 않았다."라고 합니다.

그렇다면 사람들이 리더에게서 가장 높이 평가하는 성품은 무엇일까요? 바로 '정직함'입니다. 쿠제스와 포스너의 연구 결과에 따르면 정직함은 거의 모든 설문 조사에서 리더가 갖춰야 할 성품으로 가장 많은 응답을 받았습니다. 이들이 연구를 시작한 이래로 1순위는 항상 정직함이었다고 합니다. 사람들이 좋은 성품을 갖춘 리더를 따르려고 하는 것은 당연한 일입니다.

빌 스롤(Bill Thrall)은 직업에 필요한 능력에만 신경 쓰고 성품을 등한시 하면 반드시 대가를 치르게 된다고 말했습니다. 스롤은 이를 두고 힘없는 사다리를 올라가는 것과 같다고 표현했습니다. 이 경우 높이 올라가면 올라갈수록 사다리가 심하게 흔들리고 결국에는 아래로 추락하고 말 것입니다.

장군이었던 노먼 슈워츠코프(Norman SchWarzkopf)는 "리더십이 통하지 않는 이유의 99%는 성품 때문"이라고 했습니다. 결국 사람의 성장 수준은 좋은 성품을 얼마나 갖추었느냐에 따라 달라집니다. 이것이 바로 사다리의 법칙입

니다.

성장해서 잠재력을 발휘하고 싶다면 성공보다 성품에 더 신경을 써야 합니다. 성장이란 그저 지식을 쌓고 기술을 연마하는 것이 아니라 영혼을 성숙시키는 것입니다. 더 좋은 성품을 갖추게 되면 사람이 달라지고 잠재력도 향상될 것입니다.

사다리의 법칙 적용하기

법칙 1
사다리의 법칙을 읽고 당신이 깨달은 것을 나누어 보세요.

법칙 2
바나바는 인격과 실력을 겸비한 사람으로 많은 사람에게 존경을 받았습니다. 바나바의 도움으로 사도 바울이 훌륭한 전도자로 세워질 수가 있었습니다. 사다리의 법칙에 근거하여 바나바가 리더로 성장하는 데 영향을 준 것이 무엇인지를 나누어 보세요.

적용과 기도

바나바는 배려하는 마음을 가진 리더, 성령과 믿음이 충만한 리더, 인격과 실력을 겸비한 리더였습니다. 이 시간에 바나바의 리더십을 공부하면서 당신이 배운 것과 깨달은 것이 무엇인지를 나누어 보세요.

바나바와 같은 리더가 되기 위해서 당신이 결심한 것이 무엇인지를 나누어 보세요.

바나바와 같은 리더가 되기 위해서 함께 기도합시다.

04. 루디아

가정을 구원한 리더

04. 루디아 : 가정을 구원한 리더

사도행전 16:11~15

11 우리가 드로아에서 배로 떠나 사모드라게로 직행하여 이튿날 네압볼리로 가고

12 거기서 빌립보에 이르니 이는 마게도냐 지방의 첫 성이요 또 로마의 식민지라 이 성에서 수일을 유하다가

13 안식일에 우리가 기도할 곳이 있을까 하여 문 밖 강가에 나가 거기 앉아서 모인 여자들에게 말하는데

14 두아디라 시에 있는 자색 옷감 장사로서 하나님을 섬기는 루디아라 하는 한 여자가 말을 듣고 있을 때 주께서 그 마음을 열어 바울의 말을 따르게 하신지라

15 그와 그 집이 다 세례를 받고 우리에게 청하여 이르되 만일 나를 주 믿는 자로 알거든 내 집에 들어와 유하라 하고 강권하여 머물게 하니라

 루디아를 생각할 때 가장 먼저 떠오르는 단어가 무엇입니까?

> **예화 속으로** 채의승 장로는 대의그룹 회장으로 훌륭한 기독교 사업가입니다. 그가 교회를 100개 건축하겠다는 꿈을 이룰 수 있었던 것도 사업을 잘 하는 사업가였기 때문일 것입니다. 그는 아내와 거의 부부싸움을 하지 않을 정도로 부부 금실이 좋았으며, 가정생활에도 충실했습니다. 그의 일가 친척이 500여 명인데, 그 중에 단 한 사람도 교회를 다니지 않는 사람이 없다고 합니다.
>
> 채의승 장로는 일도 잘하고 가정생활에도 충실하고 신앙생활도 잘하고 교회도 잘 섬기는 아주 모범적이고 성공적인 기독교 사업가입니다. 하나님께서 신실하신 그에게 '네 영혼이 잘됨 같이 범사가 잘되고 강건한 복'(요삼 1:2)을 허락해 주셨습니다.

루디아는 여성 사업가입니다. 당시 사회가 남성 중심의 가부장적 사회임을 고려할 때 루디아는 아주 특별한 사람임을 알 수 있습니다. 루디아는 유럽 최초의 교회인 빌립보 교회를 설립한 사람이기도 합니다. 이 시간에는 루디아의 리더십에 대해서 배워 보겠습니다.

1. 사업을 잘하는 리더

루디아가 사업을 잘하는 리더였기 때문에 바울의 사역을 물질적으로 후원할 수가 있었습니다. 하나님의 일을 할 때에도 물질이 중요한 역할을 할 수가 있습니다. 물질이 있으면 선교를 더 크게 할 수 있고 구제도 더 많이 할 수 있습니다. 기독교 사업가가 물질을 잘 사용한다면 물질을 통하여 하나님의 영광을 드러낼 수 있습니다.

1 루디아는 자색 옷감을 파는 여성 ( ) 입니다.

> 사도행전 16:14 • 두아디라 시에 있는 자색 옷감 장사로서 하나님을 섬기는 루디아라 하는 한 여자가 말을 듣고 있을 때 주께서 그 마음을 열어 바울의 말을 따르게 하신지라

루디아는 두아디라 시에 거주하면서 황실이나 고관대작을 상대로 최고급 원단인 자색 옷감을 판매하는 상당한 재산을 소유한 사업가였습니다. 루디아가 사업을 잘했기 때문에 그가 사도 바울의 사역을 물질적으로 후원할 수 있었습니다.

2 김성오 장로는 탁월한 ( ) 입니다.

농촌 목회자 자녀로 성장한 김성오 장로는 열심히 공부하여 서울대 약대에 입학했습니다. 약대를 졸업한 후에 그는 마산에서 4.5평밖에 안 되는 '육일 약국'이라는 작은 동네 약국을 개업했습니다. 육 일만 일하고 주일은 쉰다는 뜻으로 이름을 그렇게 정한 것입니다. 그는 어떻게 하면 약국이 잘될 수 있는지를 끊임없이 생각했습니다. 그는 약국을 찾아오는 손님들의 이름을 암기하면서 더욱 친절하게 섬겼습니다. 그가 육일 약국을 성장시킨 비결은 '친절과 섬김'의 정신입니다. 육일 약국은 계속 성장하여 얼마 후에는 20명의 약사를 둔 대형 약국으로 성장했습니다. 나중에 그는 인터넷 교육 사업에 뛰어들어 더 큰 성공을 이루었습니다.

3 사업을 통해 하나님께 영광 돌리려면 [   ]을 실천해야 합니다.

누가복음 6:38 • 주라 그리하면 너희에게 줄 것이니 곧 후히 되어 누르고 흔들어 넘치도록 하여 너희에게 안겨 주리라 너희가 헤아리는 그 헤아림으로 너희도 헤아림을 도로 받을 것이니라

김성오 장로가 처음에 마산에서 육일 약국을 시작할 때부터 실천하고 있는 일이 '나눔'입니다. 그는 열심히 일해서 번 돈의 일부를 가난하고 어려운 이들을 위해 나누는 일을 실천하고 있습니다.

채의숭 장로는 사업을 하면서 100개의 교회를 건축하는 큰 비전을 성취했습니다. 그가 교회 건축에 헌신한 일도 일종의 나눔입니다. 기독교인이 나눔을 실천할 때 하나님께서 영광을 받으실 것입니다.

나눔을 위한 질문

• 기독교 사업가인 채의숭 장로와 김성오 장로가 당신에게 주는 도전이 무엇입니까?

• 당신이 실천한 나눔 중에서 가장 기억에 남는 나눔이 무엇입니까?

2. 가족을 구원하는 리더

예수님을 믿고 구원을 얻는다는 것은 대단히 중요한 일입니다. 믿는 사람에게 자기의 가족을 구원한다는 것은 더더욱 중요한 일입니다. 루디아가 자기 가족을 구원할 수 있었던 것은 그가 탁월한 여성 리더였기에 가능했을 것입니다. 가족을 구원하기 위해 헌신하는 것은 그 어떤 일보다 소중하고 가치 있는 일입니다.

1 루디아는 유럽 최초의 〔　　　　　　　　　　〕이 되었습니다.

사도행전 16:12 • 거기서 빌립보에 이르니 이는 마게도냐 지방의 첫 성이요 또 로마의 식민지라 이 성에서 수일을 유하다가

마게도냐의 첫 성 빌립보에 거주하는 루디아는 하나님은 믿었지만 예수님은 믿지 않았습니다. 그런데 사도 바울을 만난 이후에 그녀는 예수님을 믿게 되었고 유럽 최초의 기독교인이 되었습니다.

2 루디아가 〔　　　　　　　〕을 들을 때 하나님께서 역사하셨습니다.

사도행전 16:14 • 두아디라 시에 있는 자색 옷감 장사로서 하나님을 섬기는 루디아라 하는 한 여자가 말을 듣고 있을 때 주께서 그 마음을 열어 바울의 말을 따르게 하신지라

루디아가 기독교로 개종할 수 있었던 것은 그가 바울의 말에 귀를 기울일 때 주께서 그의 마음을 열어 바울의 말을 따르게 하셨기 때문입니다. 그러므로 사모하는 마음으로 말씀에 귀를 기울이는 것이 중요합니다.

3 루디아는 모든 [   ]을 구원의 길로 인도했습니다.

사도행전 16:15 • 그와 그 집이 다 세례를 받고 우리에게 청하여 이르되 만일 나를 주 믿는 자로 알거든 내 집에 들어와 유하라 하고 강권하여 머물게 하니라

루디아가 예수님을 믿게 되었을 때 그는 모든 가족을 전도했습니다. 그리하여 루디아와 모든 가족이 세례를 받고 기독교인이 되었습니다. 루디아를 통해 그의 모든 가족이 구원을 받게 되었습니다.

4 주 예수를 믿으면 가족이 [   ]을 받게 됩니다.

사도행전 16:31 • 이르되 주 예수를 믿으라 그리하면 너와 네 집이 구원을 받으리라 하고

성경에 루디아처럼 온 가족이 구원받은 사례가 몇 차례 나옵니다. 세리장 삭개오의 가족은 삭개오를 통해, 로마 군대의 백부장 고넬료의 가족은 고넬료를 통해, 사도 바울을 지키던 간수의 가족은 간수를 통해 구원을 받았습니다. 그러므로 믿지 않는 가족을 위해 기도하며 전도할 때 하나님께서 온 가족을 구원해 주실 것입니다.

나눔을 위한 질문

- 루디아는 가정을 구원한 리더입니다. 당신의 가족 중에 아직 믿지 않는 사람이 누구입니까? 지금 당신은 믿지 않는 가족의 구원을 위해서 어떤 노력을 하고 있는지 나누어 보세요.

3. 교회를 세우는 리더

지금 시대에 교회를 개척한다는 것은 무척 힘들고 어려운 일입니다. 하지만 교회 개척을 돕는 평신도 동역자가 있다면 그 교회는 금방 든든하게 세워질 것입니다. 사도 바울이 교회를 개척할 때 루디아와 그의 가족의 도움이 있었기 때문에 빌립보 교회가 든든히 세워졌고 빨리 성장할 수 있었습니다. 그러므로 루디아는 교회를 세우는 리더입니다.

1 루디아는 사도 바울 일행이 거할 〔   〕을 마련해 주었습니다.

> 사도행전 16:15 • 그와 그 집이 다 세례를 받고 우리에게 청하여 이르되 만일 나를 주 믿는 자로 알거든 내 집에 들어와 유하라 하고 강권하여 머물게 하니라

사도 바울의 말씀에 은혜를 받은 루디아는 사도 바울 일행을 자기 집에 머물게 했습니다. 사도 바울과 루디아의 식구들은 가정 예배를 드렸고 영적인 교제를 나누었습니다. 그 결과 루디아의 모든 식구들이 믿음의 사람으로 성장하였습니다.

2 루디아는 교회를 세우는 일에 〔   〕했습니다.

루디아는 자기 가족뿐만 아니라 다른 사람들을 집으로 초청하여 함께 예배를 드렸습니다. 루디아의 집은 자연스럽게 예배 처소가 되었고 빌립보 교회로 발전하였습니다. 결국 루디아를 통해 빌립보 교회가 세워졌고, 이 교회는 기독교를 유럽에 전파하는 중요한 역할을 했습니다.

3 빌립보 교회는 사도 바울을 [   ] 도와 주었습니다.

빌립보서 1:5 • 너희가 첫날부터 이제까지 복음을 위한 일에 참여하고 있기 때문이라

빌립보서는 사도 바울이 로마 감옥에서 빌립보 교회 성도들에게 보낸 옥중서신입니다. 사도 바울은 이 편지에서 "내가 너희를 생각할 때마다 나의 하나님께 감사하며 간구할 때마다 너희 무리를 위하여 기쁨으로 항상 간구한다."(빌 1:3~4)라고 고백했습니다. 그러면서 그 이유를 "너희가 첫날부터 이제까지 복음을 위한 일에 참여하고 있기 때문이라."라고 설명했습니다. 빌립보 교회는 사도 바울의 선교를 계속 도와주었고, 사도 바울이 감옥에 갇혀 있는 동안에도 영치금을 넣어 주면서 끝까지 도와 주었습니다.

4 교회를 세우려면 성도들의 [   ] 이 필요합니다.

로마서 16:3~4 • 너희는 그리스도 예수 안에서 나의 동역자들인 브리스가와 아굴라에게 문안하라 그들은 내 목숨을 위하여 자기들의 목까지도 내놓았나니 나뿐 아니라 이방인의 모든 교회도 그들에게 감사하느니라

교회를 세우려면 성도들의 물질적인 헌신, 기도하는 헌신, 전도하는 헌신, 예배하는 헌신이 필요합니다. 이런 성도들의 헌신을 통해 교회가 든든하게 세워질 수 있습니다. 브리스가와 아굴라의 헌신으로 로마에 있는 교회가 세워졌고, 루디아와 그의 가족의 헌신으로 빌립보 교회가 세워졌습니다.

나눔을 위한 질문

● 루디아는 교회를 세우는 리더였습니다. 당신은 지금 교회를 세우기 위하여 어떤 헌신을 하고 있습니까?

맥스웰의 15가지 성장 법칙을 리더에게 적용하기
인지의 법칙과 루디아의 성장

　성장하려면 자신이 누구인지, 강점과 약점이 무엇인지, 무엇에 관심이 있고, 자신이 지금까지 어떤 길을 걸어왔는지, 현재 어디에 있는지를 알아야 합니다. 이것이 바로 인지의 법칙입니다.

　스티븐 코비(Stephen Covey)는 "자신에게 정말로 중요한 것이 무엇인지 알게 되면 인생이 완전히 바뀌고 그 꿈을 항상 마음 속에 간직할 경우 날마다 가장 중요한 존재로서 가장 중요한 것이 무엇인지 알고 살아가게 된다."라고 말했습니다.

　아나운서가 되고 싶다고 해서 모든 사람이 아나운서가 될 수 있는 것이 아닙니다. 아나운서가 될 수 있는 재능과 소질이 있어야 합니다. 성공을 이루고 잠재력을 개발하려면 반드시 자신의 특기를 알고 그것을 발휘하기에 알맞은 분야를 찾아야 합니다. 몇몇 사람들은 태어날 때부터 자기 자신을 파악할 줄 압니다. 그러나 대부분의 사람들은 자신의 본질을 알기 위해서 열심히 노력해야 합니다. 그래야 자기의 꿈을 이룰 수 있습니다.

　맥스웰 박사는 자기보다 앞서간 사람들을 찾을 때마다 눈부시게 성장했습니다. 그중에는 직접 만난 사람들도 있지만 대개는 책을 통해 도움을 받았습니다. 하고 싶은 일이 무엇인지 알아냈다면 그 일을 훌륭하게 해내고 있는 사람들을 찾아봐야 합니다. 그리고 그들에게서 무언가를 배우려는 적극적인 자세가 필요합니다.

　꿈을 실현하고 자신이 원하는 일을 하려면 행동해야 하고 열심히 노력해야 합니다. 희생하고 계속 배우고 성장하고 변화해야 합니다. 그런 대가를 치를 용의가 있을 때 꿈을 이루게 됩니다. 맥스웰 박사는 자기가 하고 싶은 일을 하면서 자기 자신도, 자기가 멘토링한 사람들도, 그리고 자기가 이끄는 팀도 모두 발전하고 성장했습니다.

　인생에는 중요한 날이 두 번 있습니다. 하나는 자신이 태어난 날이고, 다른 하나는 태어난 이유를 발견한 날입니다. 내가 무엇을 하기 위해 이 땅에 태어났는지를 생각해 보십시오. 그리고 전심전력(全心全力)을 다해 그 일에 최선을 다하십시오.

인지의 법칙 적용하기

법칙 1
인지의 법칙을 읽고 당신이 깨달은 것을 나누어 보세요.

법칙 2
루디아는 마게도냐 두아디라 성에 거주하면서 자색 옷감을 파는 사업가였습니다. 그는 사도 바울을 만나 빌립보 교회를 세우고 사도 바울의 사역을 물심양면으로 후원하는 일에 헌신하였습니다. 인지의 법칙에 근거하여 루디아가 리더로 성장하는 데 영향을 준 것이 무엇인지를 나누어 보세요.

적용과 기도

루디아는 사업을 잘하는 리더, 가족을 구원하는 리더, 교회를 세우는 리더였습니다. 이 시간에 루디아의 리더십을 공부하면서 당신이 배운 것과 깨달은 것이 무엇인지를 나누어 보세요.

루디아와 같은 리더가 되기 위해서 당신이 결심한 것이 무엇인지를 나누어 보세요.

루디아와 같은 리더가 되기 위해서 함께 기도합시다.

05. 예수 그리스도
섬김의 리더

05. 예수 그리스도 : 섬김의 리더

마가복음 10:35~45

35 세베대의 아들 야고보와 요한이 주께 나아와 여짜오되 선생님이여 무엇이든지 우리가 구하는 바를 우리에게 하여 주시기를 원하옵나이다

36 이르시되 너희에게 무엇을 하여 주기를 원하느냐

37 여짜오되 주의 영광중에서 우리를 하나는 주의 우편에, 하나는 좌편에 앉게 하여 주옵소서

38 예수께서 이르시되 너희는 너희가 구하는 것을 알지 못하는도다 내가 마시는 잔을 너희가 마실 수 있으며 내가 받는 세례를 너희가 받을 수 있느냐

39 그들이 말하되 할 수 있나이다 예수께서 이르시되 너희는 내가 마시는 잔을 마시며 내가 받는 세례를 받으려니와

40 내 좌우편에 앉는 것은 내가 줄 것이 아니라 누구를 위하여 준비되었든지 그들이 얻을 것이니라

41 열 제자가 듣고 야고보와 요한에 대하여 화를 내거늘

42 예수께서 불러다가 이르시되 이방인의 집권자들이 그들을 임의로 주관하고 그 고관들이 그들에게 권세를 부리는 줄을 너희가 알거니와

43 너희 중에는 그렇지 않을지니 너희 중에 누구든지 크고자 하는 자는 너희를 섬기는 자가 되고

44 너희 중에 누구든지 으뜸이 되고자 하는 자는 모든 사람의 종이 되어야 하리라

45 인자가 온 것은 섬김을 받으려 함이 아니라 도리어 섬기려 하고 자기 목숨을 많은 사람의 대속물로 주려 함이니라

 예수 그리스도를 생각할 때 가장 먼저 떠오르는 단어가 무엇입니까?

예화 속으로   코카콜라 회사의 회장이자 경영 책임자(CEO)인 로베르토 고이주에타(Roberto Goizueta)는 코카콜라를 세상에서 가장 좋은 회사로 만드는 꿈을 품고 열심히 일하던 중에 1997년에 폐암 진단을 받고 6주 만에 사망했습니다. 경영 책임자(CEO)를 갑작스럽게 잃은 회사는 혼란 속에 빠져드는 경우가 많은데 코카콜라 회사는 그렇지 않았습니다.

고이주에타가 회사에 남긴 유산은 놀라웠습니다. 그가 1981년에 코카콜라를 책임 맡았을 때 40억 달러였던 회사의 가치는 1,550억 달러가 되었으며 미국에서 두 번째로 큰 기업으로 성장했습니다. 그런데 그가 회사에 남겨놓은 더 중요한 유산은 더글라스 이베스터(Douglas Ivester)라는 후계자를 준비해 놓은 것입니다.

이베스터는 1979년에 코카콜라에서 회계 조정자로 일을 시작했습니다. 1989년에 고이주에타는 이베스터에게서 잠재력을 발견하고 그를 유럽으로 보내어 국제적인 경험을 쌓게 했습니다. 1994년에는 이베스터를 코카콜라 회사의 2인자로 임명하여 후계자 훈련을 받게 했습니다.

고이주에타가 이렇게 할 수 있었던 것은 그가 똑같은 방법으로 만들어진 리더였기 때문이었습니다. 그는 쿠바에서 태어나서 예일 대학에서 화학 기술 분야를 전공했습니다. 그는 1954년에 신문 광고를 보고 코카콜라 회사에 입사하여 1966년에 애틀랜타에 있는 코카콜라 회사의 기술 연구와 발전 분야의 부사장이 되었습니다.

1970년 초에는 코카콜라 회사의 창업자인 로버트 우드러프(Robert Woodruff)가 그를 자신의 오른팔로 삼아 훈련을 시켰습니다.

1975년에 고이주에타는 그 회사의 기술 분야의 상임 부사장이 되었습니다. 1980년에 우드러프가 죽은 후에 그는 사장 겸 운영 책임자가 되었고, 그로부터 1년 뒤에는 코카콜라 회사의 회장 겸 최고경영자(CEO)가 되었습니다. 고이주에타가 1990년대에 후계자를 확신 있게 선택하고 발전시키고 훈련시킨 이유는 자신이 1970년에 똑같은 방법으로 세워졌기 때문이었습니다.

예수 그리스도의 인생이 33년으로 끝났지만 그럼에도 불구하고 그의 사역이 지금까지 계승될 수 있는 것은 그가 열두 명의 제자를 남겨놓았기 때문입니다. 이런 점에서 예수 그리스도는 최고의 유산을 남긴 최고의 리더입니다. 이 시간에는 예수님의 리더십에 대해서 배워 보겠습니다.

1. 섬기는 리더

흔히 사람들은 리더십을 위에서 다스리는 것이라고 생각합니다. 그러나 예수님은 사람들의 기대와는 정반대의 방향으로 나아갔습니다. 예수님은 섬김을 받으려고 하기보다 섬기려고 했습니다. 이런 예수님의 섬김에 많은 사람들이 감동했습니다. 이와 같이 섬김을 통해 사람들의 마음을 움직여서 이끌어가는 리더십을 '섬김의 리더십'(Servant Leadership)이라고 부릅니다.

1 예수님이 세상에 오신 목적은 [   ] 위해서입니다.

마가복음 10:45 • 인자가 온 것은 섬김을 받으려 함이 아니라 도리어 섬기려 하고 자기 목숨을 많은 사람의 대속물로 주려 함이니라

예수님은 자신이 이 세상에 온 목적이 섬김을 받기 위함이 아니라 섬기기 위해서라고 말씀하셨습니다. 예수님은 높고높은 하늘 보좌에서 낮고낮은 이 땅에 오셨는데 우리는 이것을 '성육신(聖肉身)'이라고 부릅니다. 예수님은 우리를 구원하기 위해서 자신을 철저히 낮추셨고 우리를 철저히 섬겨 주셨습니다.

2 예수님은 [   ]의 본을 보여 주셨습니다.

요한복음 13:15 • 내가 너희에게 행한 것 같이 너희도 행하게 하려 하여 본을 보였노라

예수님께서 이 세상에 오신 목적은 섬기기 위해서입니다. 예수님께서 제자들의 발을 씻겨주면서 섬김의 본을 보여주셨습니다. 예수님의 제자인 우리도 가정과 일터와 교회에서 섬기는 사람이 되어야 합니다.

3 가가와 도요히코 목사는 [   ] 리더였습니다.

가가와 도요히코 목사는 자신이 폐병에 걸려서 핏덩이를 토했을 때 자기가 토한 피를 닦아준 나가노 목사의 섬김에 감동하여 예수님을 믿게 되었고 목회자가 되었습니다. 가가와 도요히코 목사가 섬김에 대한 비전을 품고 고베와 도쿄에서 빈민들을 섬기는 삶을 실천할 때 수많은 빈민들이 예수님을 믿게 되었습니다. 결국 그의 섬김이 많은 사람들에게 감동을 주었고 많은 사람들을 예수님께로 인도했습니다. 그러므로 가가와 도요히코 목사는 섬김의 리더였습니다.

 **나눔을 위한 질문**

- 예수님은 섬기는 리더였습니다. 당신이 가정과 일터와 교회에서 섬길 수 있는 일이 무엇입니까?

2. 순종하는 리더

예수님은 하나님 아버지의 뜻에 순종하여 인간의 모습으로 이 세상에 오셨습니다. 그리고 우리들을 구원하기 위하여 십자가에 달려 돌아가셨습니다. 이런 모습에서 우리는 예수님이 순종하는 리더임을 알수 있습니다.

1 예수님이 이 세상에 오신 목적은 (　　　　　　　) 하기 위해서입니다.

> 요한복음 1:14 • 말씀이 육신이 되어 우리 가운데 거하시매 우리가 그의 영광을 보니 아버지의 독생자의 영광이요 은혜와 진리가 충만하더라

예수님은 이 세상을 구원하기 위하여 육신의 몸으로 세상에 오셨습니다. 그리고 십자가에 달려 죽기까지 아버지의 뜻에 순종했습니다. 예수님의 순종으로 죄인된 우리들이 구원을 받았습니다.

2 예수님은 하나님의 (　　　　　　　) 에 죽기까지 순종했습니다.

누가복음 22:42 • 이르시되 아버지여 만일 아버지의 뜻이거든 이 잔을 내게서 옮기시옵소서 그러나 내 원대로 마시옵고 아버지의 원대로 되기를 원하나이다 하시니

예수님은 자신이 십자가를 지는 것이 인류 구원을 위한 하나님의 뜻임을 잘 알고 있었습니다. 하지만 예수님도 가장 잔인하면서도 고통스러운 사형 틀인 십자가 앞에서 두려웠을 것입니다. 그래서 예수님은 겟세마네 동산에서 "아버지의 뜻이거든 이 잔을 내게서 옮기시옵소서."라고 울부짖으면서 하나님의 뜻을 구했던 것입니다. 결국 예수님은 자기의 뜻을 구하지 않고 하나님의 뜻에 순종했습니다.

3 이삭은 아버지의 뜻에 (　　　　　) 순종했습니다.

창세기 22:9 • 하나님이 그에게 일러 주신 곳에 이른지라 이에 아브라함이 그 곳에 제단을 쌓고 나무를 벌여 놓고 그의 아들 이삭을 결박하여 제단 나무 위에 놓고

이삭은 아버지가 자신을 제물로 드리려고 할 때 그대로 순종했습니다. 이삭은 아버지를 신뢰했기 때문에 아버지의 뜻에 끝까지 순종했습니다. 이삭이 아버지의 뜻에 순종하는 모습은 마치 예수님께서 하나님의 뜻에 순종함으로 십자가를 지는 것과 비슷합니다. 따라서 신학자들은 이삭을 '예수님의 모형'이라고 부릅니다.

4 참된 순종은 하나님의 뜻에 (　　　　　) 순종하는 것입니다.

사무엘상 15:22 • 사무엘이 이르되 여호와께서 번제와 다른 제사를 그의 목소리를 청종하는 것을 좋아하심 같이 좋아하시겠나이까 순종이 제사보다 낫고 듣는 것이 숫양의 기름보다 나으니

사울 왕은 아말렉 족속에게 빼앗은 전리품을 전멸하지 않고 하나님께 제사하려고 좋은 것들을 남겨두었다고 핑계를 대었습니다. 이때 사무엘이 "순종이 제사보다 낫다."라고 하면서 그의 불순종을 책망했습니다.

내가 순종할 수 있는 것만 순종하면서 하나님의 뜻에 순종했다고 착각하는 사람이 있습니다. 예수님께서 십자가에 달려 죽기까지 하나님의 뜻에 순종했듯이 참된 순종이란 하나님의 뜻에 전적으로 즉시 순종하는 것입니다.

나눔을 위한 질문

● 예수님은 순종하는 리더입니다. 예수님의 순종이 당신의 순종과 다른 점이 무엇이라고 생각합니까?

3. 능력 있는 리더

복음서에는 예수님께서 수많은 병자들을 치유하는 내용이 나옵니다. 예수님은 소경 바디매오의 눈을 뜨게 하셨고, 베드로의 장모의 열병을 고쳐주셨고, 38년된 중풍병자를 고쳐주셨고, 열두 해 혈루증을 앓던 여인을 고쳐주셨고, 나병 환자를 고쳐주셨습니다. 심지어는 죽은 나사로도 다시 살려주셨습니다. 이런 모습에서 우리는 예수님이 능력 있는 리더임을 알 수 있습니다.

1 예수님의 치유하는 능력은 사람들의 [   ]을 끌었습니다.

마태복음 4:23 • 예수께서 온 갈릴리에 두루 다니사 그들의 회당에서 가르치시며 천국 복음을 전파하시며 백성 중의 모든 병과 모든 약한 것을 고치시니

예수님께서 이 세상에서 사역하는 동안 가르치고 전파하고 치유하는 세 가지 사역을 담당하셨습니다. 이 세 가지 사역 중에서 사람들에게 가장 많은 관심을 끌었던 것은 병을 고치는 치유 사역이었습니다.

2 예수님이 행하신 최고의 능력은 [   ]입니다.

마태복음 28:5~6 • 천사가 여자들에게 말하여 이르되 너희는 무서워하지 말라 십자가에 못 박히신 예수를 너희가 찾는 줄을 내가 아노라 그가 여기 계시지 않고 그가 말씀 하시던 대로 살아나셨느니라 와서 그가 누우셨던 곳을 보라

예수님은 십자가에 달려 돌아가셨지만 죽음에 머물러 있지 않고 죽은 지 사흘 만에 다시 살아나셨습니다. 그래서 우리는 예수님을 최고로 능력 있는 리더라고 부릅니다.

3 예수님께서 부활하심으로 죽은 자들의 첫 [   ]가 되었습니다.

고린도전서 5:20 • 그러나 이제 그리스도께서 죽은 자 가운데서 다시 살아나사 잠자는 자들의 첫 열매가 되셨도다

사도 바울은 고린도 교회 성도들에게 "예수님께서 다시 살아나사 잠자는 자들의 첫 열매가 되셨도다."라고 증거했습니다. 예수님은 사망 권세를 이기고 죽음에서 부활하신 능력 있는 리더입니다. 우리가 예수님을 믿을 때 우리도 사망 권세를 이기고 부활하게 될 것입니다.

- 예수님은 능력 있는 리더입니다. 당신이 예수님을 믿으면서 경험한 최고의 능력과 기적은 무엇입니까?

존 우든 감독

UCLA 대학 농구팀 브루인즈(Bruins)를 오랫동안 지도한 존 우든 감독은 12년 동안 UCLA 대학 농구팀을 이끌었는데 그 동안 이 팀은 열 번이나 전미(全美) 대학 농구 챔피언이 되었습니다. 이 팀의 성공의 열쇠는 우든 감독의 팀워크에 대한 확고한 마음에 있었습니다. 존 우든 감독은 지도자를 개발하고 사람들을 키우려면 다음 상황에 대해 책임을 져야 한다고 했습니다. 첫째, 그들이 가진 모습 그대로 받아들이십시오. 둘째, 그들이 자기의 최선을 다하고 있다고 믿으십시오. 셋째, 잘한 일은 칭찬하십시오. 넷째, 지도자로서 당신의 책임을 받아들이십시오.

맥스웰의 15가지 성장 법칙을 리더에게 적용하기
본보기의 법칙과 예수 그리스도의 섬김

책은 멘토링(mentoring)을 시작하고, 지속하기에 아주 좋은 도구입니다. 맥스웰 박사는 지금도 해마다 일면식도 없는 수십 명에게 가르침을 받고 있습니다. 그러나 어느 시점이 되면 직접 알고 지낼 멘토를 찾아 나섭니다. 책이 모든 것을 해결해 주지는 않기 때문입니다.

우리는 멘토를 신중하게 선택해야 합니다. 맥스웰 박사는 멘토를 만나는 과정에서 좋은 경험과 나쁜 경험을 두루 다 해보았습니다. 그러다 보니 그에게 본받을 '가치'가 있는 사람을 판단하는 기준이 생겼습니다. 그가 좋은 멘토를 선택하는 기준은 다음과 같습니다.

첫째로, 좋은 멘토는 모범이 됩니다. 멘토는 능력이 탁월하고 배울만한 기술을 갖추고 있을 뿐 아니라 본받고 싶을 만큼 성품이 좋아야 합니다. 모범의 대상과 멘토를 찾을 때는 공적인 성과와 함께 사적인 삶도 세밀하게 들여다봐야 합니다. 우리는 그들의 가치관에 영향을 받게 되기 때문에 자신이 따를 사람을 절대 섣불리 선택하면 안됩니다.

둘째로, 좋은 멘토는 만나는 데 부담이 없습니다. 본보기가 되는 사람을 가까이에서 관찰하려면 그 사람과 어울릴 수 있어야 합니다. 특히 적극적으로 멘토링을 받고 싶다면 멘토와 함께 시간을 보내며 질문을 하고 그의 대답에서 교훈을 얻어야 합니다.

셋째로, 좋은 멘토는 지혜롭습니다. 어느 회사에서 설비 고장으로 생산이 아예 중단되자 전문가에게 수리를 요청했습니다. 전문가는 작은 가방 하나만

달랑 들고 와서 몇 분 동안 말없이 기계 주위를 맴돌았습니다. 그리고 전문가는 기계의 어느 한 부분에서 멈추어 섰습니다. 그리고는 그곳을 뚫어지게 쳐다보더니 가방에서 작은 망치를 꺼내 살살 두드렸습니다. 그러자 기계가 다시 돌아가기 시작했습니다.

다음날 청구서를 받은 설비 담당자는 깜짝 놀랐습니다. 왜냐하면 수리비로 1,000달러(한화로 120만 원)가 청구되었기 때문입니다. 설비 담당자는 전문가에게 다음과 같이 메일을 보냈습니다. "이게 말이 됩니까? 상세한 명세서를 보내주지 않으면 절대로 수리비를 지급하지 않을 것입니다." 잠시 후에 새로운 청구서가 도착했습니다. "망치질 : 1달러, 망치질이 필요한 지점을 파악한 것 : 999달러." 이것이 바로 지혜의 값어치입니다.

지혜로운 멘토는 어디를 두드려야 하는지를 알려줍니다. 그의 안목, 경험, 지식의 도움을 받으면 우리가 혼자서 애를 먹었을 문제를 훨씬 더 빠르게 해결할 수 있습니다. 그러므로 좋은 멘토를 만나는 것이 중요합니다.

본보기의 법칙 적용하기

법칙 1
본보기의 법칙을 읽고 당신이 깨달은 것을 나누어 보세요.

법칙 2
예수 그리스도는 하나님의 아들임에도 불구하고 육신의 몸으로 이 땅에 오셨습니다. 그리고 가르치고 전파하고 치유하는 사역을 담당하면서 섬김의 본을 보여주셨습니다. 이 시간에는 우리가 예수 그리스도에게 본받아야 할 섬김이 무엇인지를 나누어 보세요.

적용과 기도

예수님은 섬기는 리더, 순종하는 리더, 능력 있는 리더였습니다. 이 시간에 예수님의 리더십을 공부하면서 당신이 배운 것과 깨달은 것이 무엇인지를 나누어 보세요.

예수님과 같은 리더가 되기 위해서 당신이 결심한 것이 무엇인지를 나누어 보세요.

예수님과 같은 리더가 되기 위해서, 그리고 당신이 닮고 싶은 리더가 되기 위해서 기도합시다.

부록

성경 공부 진행 시 참고 사항

1. 성경 공부 진행 시 과제표

순번	교재	성경 인물	성경 통독(인물 관련)	독서 보고서
0			오리엔테이션	
1	1부. 1과		에베소서 1장~6장	
2	2부. 1과	아브라함	창세기 12장~25장	
3	2부. 2과	요셉	창세기 37장~47장	
4	2부. 3과	모세	출애굽기 2장~20장	
5	2부. 4과	여호수아	민수기 13장~14장 여호수아 1장~11장	
6	2부. 5과	사무엘	사무엘상 1장~8장	
7	2부. 6과	다윗	역대상 11장~29장	리더가 리더에게 (존 스토트, IVP)
8	2부. 7과	솔로몬	열왕기상 1장~11장	
9	2부. 8과	에스더	에스더 1장~10장	
10	2부. 9과	다니엘	다니엘 1장~12장	
11	3부. 1과	베드로	사도행전 1장~12장	
12	3부. 2과	사도 바울	사도행전 13장~28장	
13	3부. 3과	바나바	사도행전 4장 사도행전 9장~11장	
14	3부. 4과	루디아	사도행전 16장	
15	3부. 5과	예수 그리스도	마가복음 1장~16장	사람은 무엇으로 성장하는가 (존 맥스웰, 비즈니스북스)
16			수료식	

2. 각 과별 괄호 속에 들어갈 답안

1부. 1과
1.-① 온전하게   1.-② 하나   1.-③ 성장   1.-④ 요동
2.-① 봉사   2.-② 분위기   2.-③ 리더   2.-④ 힘으로
3.-① 교회   3.-② 순서   3.-③ 능력

2부. 1과
1.-① 비전   1.-② 따라가는   1.-③ 성취   1.-④ 품어야
2.-① 순종   2.-② 시험   2.-③ 묵묵히   2.-④ 이해
3.-① 갈등   3.-② 양보   3.-③ 좋은   3.-④ 욕심

2부. 2과
1.-① 행하실   1.-② 이루게   1.-③ 형통   1.-④ 인내
2.-① 통찰력   2.-② 선교사   2.-③ 교회
3.-① 훈련   3.-② 훈련   3.-③ 인내   3.-④ 성장

2부. 3과
1.-① 순종   1.-② 포기, 설득   1.-③ 순종   1.-④ 완벽
2.-① 부모   2.-② 이드로   2.-③ 아론, 훌   2.-④ 여호수아, 갈렙
3.-① 원망, 불평   3.-② 인내   3.-③ 심판   3.-④ 기도   3.-⑤ 기도

2부. 4과
1.-① 긍정적인   1.-② 믿음   1.-③ 다르게   1.-④ 기적
2.-① 조력자   2.-② 충실   2.-③ 1인자   2.-④ 역할
3.-① 명령대로   3.-② 사명   3.-③ 실천

2부. 5과
1.-① 희귀   1.-② 음성   1.-③ 방법   1.-④ 듣는   1.-⑤ 준비   1.-⑥ 방법
2.-① 사무엘   2.-② 성장   2.-③ 기도   2.-④ 응답
3.-① 청종   3.-② 청종   3.-③ 기쁘시게

2부. 6과
1.-① 용사   1.-② 외모   1.-③ 용기   1.-④ 이름
2.-① 용서   2.-② 죄   2.-③ 회개   2.-④ 책임
3.-① 질투   3.-② 해치지   3.-③ 하나님   3.-④ 칭찬

2부. 7과
1.-① 일천 번제   1.-② 의미   1.-③ 기쁘게   1.-④ 지혜
2.-① 지혜   2.-② 재판   2.-③ 감탄
3.-① 여호와   3.-② 은혜   3.-③ 복   3.-④ 7년

2부. 8과
1.-① 역전 1.-② 요셉 1.-③ 다윗 1.-④ 다니엘
2.-① 결단 2.-② 금식 2.-③ 금식, 결단 2.-④ 결단력
3.-① 은혜 3.-② 소원 3.-③ 구원

2부. 9과
1.-① 포로 1.-② 뜻 1.-③ 은혜 1.-④ 훈련 1.-⑤ 성도
2.-① 하나님 2.-② 법 2.-③ 기도
3.-① 탁월 3.-② 능력 3.-③ 지혜

3부. 1과
1.-① 성장 1.-② 순종 1.-③ 사람 1.-④ 순교자 1.-⑤ 학습자
2.-① 열정적인 2.-② 열정적 2.-③ 열정 2.-④ 열정
3.-① 질문 3.-② 베드로 3.-③ 칭찬 3.-④ 주의

3부. 2과
1.-① 앞장 1.-② 영적 체험 1.-③ 회복 1.-④ 변화
2.-① 즉시 2.-② 만류 2.-③ 최선 2.-④ 마지막 2.-⑤ 시급한
3.-① 훈련 3.-② 개척 3.-③ 교회 3.-④ 세우는

3부. 3과
1.-① 변호 1.-② 도움 1.-③ 사역자
2.-① 충만 2.-② 성령 2.-③ 지배 2.-④ 크다
3.-① 착한 3.-② 끝까지 3.-③ 실력 3.-④ 겸비

3부. 4과
1.-① 사업가 1.-② 사업가 1.-③ 나눔
2.-① 기독교인 2.-② 말씀 2.-③ 가족 2.-④ 구원
3.-① 집 3.-② 헌신 3.-③ 끝까지 3.-④ 헌신

3부. 5과
1.-① 섬기기 1.-② 섬김 1.-③ 섬기는
2.-① 순종 2.-② 뜻 2.-③ 끝까지 2.-④ 전적으로
3.-① 관심 3.-② 부활 3.-③ 열매

교회를 세우는 리더
인물로 배우는 리더십 성경 공부

초판 1쇄	2021년 5월 20일

지은이	박승효
펴낸이	이규종
펴낸곳	엘맨

주소	서울시 마포구 토정로 222 한국출판콘텐츠센터 422-3
	출판등록 제1998-000033호(1985.10.29)
전화	02-323-4060
팩스	02-323-6416
e-mail	elman1985@hanmail.net
홈페이지	www.elman.kr

※ 잘못된 책은 바꾸어 드립니다.
※ 무단복제를 금합니다.

값 13,800 원

ISBN 978-89-5515-703-3   03230